Neuromarketing
en acción

Coordinación editorial:
Débora Feely

Diseño de tapa
DCM Design

NÉSTOR BRAIDOT

Neuromarketing en acción

¿Por qué tus clientes
te engañan con otros
si dicen
que gustan de ti?

GRANICA

BUENOS AIRES · BARCELONA · MÉXICO · SANTIAGO · MONTEVIDEO

2009, 2011 Néstor Braidot
© 2009 *by* Ediciones Gestión 2000, Barcelona
Planeta De Agostini Profesional y Formación, S.L.
© 2011, 2013 *by* Ediciones Granica

ARGENTINA
Ediciones Granica S.A.
Lavalle 1634 3º G / C1048AAN Buenos Aires, Argentina
Tel.: +54 (11) 4374-1456 - Fax: +54 (11) 4373-0669
granica.ar@granicaeditor.com
atencionaempresas@granicaeditor.com

MÉXICO
Ediciones Granica México S.A. de C.V.
Valle de Bravo Nº 21 El Mirador Naucalpan Edo. de Méx.
53050 Estado de México - México
Tel.: +52 (55) 5360-1010 - Fax: +52 (55) 5360-1100
granica.mx@granicaeditor.com

URUGUAY
Ediciones Granica S.A.
Scoseria 2639 Bis - 11300 Montevideo, Uruguay
Tel.: +59 (82) 712 4857 / +59 (82) 712 4858
granica.uy@granicaeditor.com

CHILE
granica.cl@granicaeditor.com
Tel.: +56 2 8107455

ESPAÑA
granica.es@granicaeditor.com
Tel.: +34 (93) 635 4120

www.granicaeditor.com

GRANICA es una marca registrada

ISBN 978-950-641-610-2

Hecho el depósito que marca la ley 11.723

Impreso en Argentina. Printed in Argentina

Braidot, Néstor Pedro
  Neuromarketing en acción : ¿por qué tus clientes
  te engañan con otros si dicen que gustan de ti? . -
  1a ed. 1a reimp. - Buenos Aires : Granica, 2013.
  232 p. ; 22x15 cm.

  ISBN 978-950-641-610-2

  1. Marketing .
  CDD 658.8

*Esta es una dedicatoria muy especial, que escribo
en un momento también muy especial.*

*En los comienzos de "la segunda mitad de mi vida",
cuando en lo profesional los conocimientos han decantado
y, en lo personal, cuando nuestros hijos ya se fueron del hogar.*

*Hoy nos queda lo más cercano, la esencia de nuestros
conocimientos y sentimientos.*

Gracias Lucía por estar a mi lado, siempre.

Agradecimientos

En esta obra, que es la esencia de lo que he aprendido y aplicado en neuromarketing, agradezco a los centros académicos en los que participé mientras investigaba y enseñaba, especialmente a la Universidad de Salamanca, y a las empresas que confiaron en la implementación de estas nuevas herramientas.

Un reconocimiento muy especial a Ediciones Granica, y particularmente a Claudio Iannini por tanto apoyo y afecto.

Estoy especialmente agradecido a mis dos eficaces colaboradoras, Viviana Brunatto y María Paz Linares.

Del autor al lector

Desde que di mis primeros pasos en investigaciones y prácticas en lo que hemos denominado "neurociencias organizacionales aplicadas", aproximadamente veinte años atrás, no tuve duda de que el conocimiento sobre el cerebro y su funcionamiento provoca un cambio sustancial en el enfoque y la aplicación del marketing en las empresas. Este cambio del que hablo no es una actualización o simple mejora, sino un cambio cualitativo, un salto cuántico que supone nada menos que un cambio de paradigma.

Si bien los especialistas en marketing siempre tuvimos claro que el ser humano tiene dos niveles de pensamiento, el consciente y el no consciente (que nosotros preferimos llamar "metaconsciente"), y que este último mueve la mayor parte de las decisiones de compra, hoy contamos, gracias al avance que se ha generado en las neurociencias, con los métodos necesarios para explorar un mundo al que no habríamos podido acceder con las técnicas que hemos estado utilizando hasta el presente.

Este avance no es un tema menor, pues si nos preguntamos cuánto de verdad hay cuando un cliente "dice lo que dice", esto es, cuando sus afirmaciones están mediadas por su lógica consciente, es posible que nos llevemos una gran sorpresa con el "porcentaje", ya que prácticamente el 90% de las decisiones que tomamos como consumidores tienen su origen en modalidades que se alojan en las profundidades de nuestra mente y que nosotros mismos desconocemos.

Este hecho involuntario explica por qué suele haber tanta diferencia entre lo que las personas manifiestan cuando responden una encuesta o interactúan en un focus group y lo que luego verdaderamente hacen cuando un producto es lanzado al mercado.

Ahora bien, considerar el neuromarketing como una moderna metodología de investigación (concepto que leo con mucha más frecuencia de lo que quisiera) es adoptar un enfoque en extremo reduccionista, un enfoque que encorseta y subestima el campo de actividad de una de las disciplinas más prometedoras de nuestro tiempo, porque no solo la información valiosa debe buscarse en las profundidades de la mente, sino que también hay que diseñar productos, servicios y marcas buceando en esas profundidades.

En el marco del neuromarketing, un producto no es simplemente un objeto diseñado para satisfacer determinadas necesidades que se detectan en el mercado.

Un producto es un constructo mental que cobra vida como resultado de múltiples estímulos que confluyen en una percepción unificada: el objeto en sí, su precio, la publicidad, los canales a través de los cuales se vende, y, fundamentalmente, lo que el propio cliente construye en función de sus expectativas y sus "memorias acumuladas". Esto da como resultado una realidad mental que puede ser muy diferente de la que exhibe un objeto que, bajo el concepto de "producto", se coloca en un expositor.

Sin duda, estamos en una época en la que podemos trabajar para ser más eficientes y eficaces. No se trata de utilizar los conocimientos sobre el cerebro para manipular a los consumidores (como también suelo leer en algunas publicaciones), sino todo lo contrario: se trata de trabajar para comprenderlos de forma más profunda, incrementar su satisfacción y generar negocios que pasen a la historia por el éxito que han obtenido y no por su fracaso.

Por último, y como cada vez son más numerosas las organizaciones que deciden capitalizar estos avances y, al mismo tiempo, la generación de nuevos conocimientos sobre el cerebro ha adquirido una dinámica inusitada, lo invito a integrarse al Brain Decision Braidot Centre (BDBC), nuestro centro de investigación en neurociencias aplicadas a la gestión individual y organizacional.

Recuerde: el neuromarketing tiene capacidad para indagar y comprender mucho de lo que siempre nos ha desvelado, y su alcance, además de prometedor, es verdaderamente apasionante.

Lo esperamos.

Néstor Braidot
www.braidot.com
nestor@braidot.com

Sumario

1 · Del marketing al neuromarketing:

cómo llegar a la mente del mercado 15

2 · Cómo descubrir las necesidades y deseos profundos de nuestros clientes..... 41

3 · Targeting y posicionamiento. En el cerebro del cliente 69

4 · Inteligencia de negocios. Cómo indagar la mente del mercado..................... 93

5 · El producto como construcción cerebral.. 119

6 · El precio como construcción perceptual 143

7 · Cómo crear vínculos con el cliente a través de los canales de marketing 161

8 · De la comunicación a la neurocomunicación 187

Notas 211

Bibliografía consultada.. 223

1

Del marketing al neuromarketing: cómo llegar a la mente del mercado

Desde sus comienzos, la actividad de marketing se sustentó en conocimientos procedentes de otras disciplinas, como la psicología, la sociología, la economía, las ciencias exactas y la antropología. Al incorporarse los avances de las neurociencias y de la neuropsicología, se produjo una evolución de tal magnitud que dio lugar a la creación de una nueva disciplina, que conocemos con el nombre de "neuromarketing".

Esta evolución comenzó a gestarse durante los años noventa –que se conocen como "década del cerebro"[1]– y supuso el desarrollo de un conjunto de metodologías cuya aplicación arrojó luz sobre temas ante los cuales hemos estado a oscuras durante años[2].

Del mismo modo, permitió confirmar un conjunto de afirmaciones del marketing tradicional, como la eficacia de la publicidad emocional en la fidelización de clientes o la falacia de atribuir al consumidor una conducta racional, por ejemplo.

Como veremos a medida que avancemos en esta obra, muchos fundamentos de marketing que han sido eficaces en el pasado se están replanteando en la actualidad, y el fracaso de algunos productos que se lanzan al mercado solo podrá evitarse si comenzamos a cambiar nuestra metodología de trabajo.

En este sentido, uno de los primeros cambios que necesitamos implementar tiene que ver con los procesos de investigación, ya que las técnicas tradicionales fallaron muchas veces al inferir[3] tanto el comportamiento de los clientes como sus respuestas ante determinados estímulos (como los de la publicidad o el *merchandising*, por ejemplo).

En los próximos apartados realizaremos una conceptualización de esta nueva disciplina y, posteriormente, para amenizar la lectura, abordaremos en forma de preguntas y respuestas algunos conocimientos sobre el cerebro y su funcionamiento.

El neuromarketing trae consigo un conjunto de recursos de enorme valor para investigar el mercado, segmentarlo y desarrollar estrategias exitosas en materia de productos (diseño, marca, *packaging*), posicionamiento, precios, comunicaciones y canales. Estos recursos se basan en el conocimiento de los procesos cerebrales vinculados a la percepción sensorial, el procesamiento de la información, la memoria, la emoción, la atención, el aprendizaje, la racionalidad, las emociones y los mecanismos que interactúan en el aprendizaje y toma de decisiones del cliente.

1. Neuromarketing. Concepto, metodología y aplicaciones

El neuromarketing puede definirse como una disciplina de avanzada, que investiga y estudia los procesos cerebrales que explican la conducta y la toma de decisiones de las personas en los campos de acción del marketing tradicional: inteligencia de mercado, diseño de productos y servicios, comunicaciones, precios, *branding*, posicionamiento, *targeting*, canales y ventas.

El neuromarketing responde con un mayor grado de certeza a muchas de las preguntas que siempre nos hicimos, por ejemplo:

- Qué estímulos debe contener un comercial para lograr un mayor grado de impacto.
- Cuál debe ser el nivel de repetición en cada medio para que una campaña sea efectiva.
- Cuáles son los estímulos sensoriales que debe contener un producto para lograr la satisfacción del cliente.
- Cuál es la mejor estrategia con respecto al precio.
- Cómo se puede seducir a los clientes para que permanezcan más tiempo en un punto de venta, aumenten su volumen de compras y regresen.
- Qué tipo de entrenamiento debe tener una fuerza de ventas para que sea competitiva.

Al aplicar nuevas metodologías de investigación, junto a los conocimientos que se están generando en la neuropsicología, las neurociencias y la antropología sensorial, el neuromarketing facilita la comprensión de las verdaderas necesidades de los clientes y permite superar potenciales errores por desconocimiento de sus procesos internos y metaconscientes[4].

Con un diseño adecuado, el neuromarketing puede informar qué está pasando en el cerebro de un cliente ante los diferentes estímulos que recibe, brindando un campo de estudios mucho más potente que el que suministró el marketing tradicional debido a sus limitaciones para explorar los mecanismos metaconscientes.

Por ejemplo, mediante la técnica de *biofeedback*[5] se puede observar en el monitor de un ordenador la ausencia o presencia de emociones, así como su intensidad, mientras un participante visualiza un anuncio o experimenta con un producto.

Veamos qué interesantes son estas pruebas a partir de un caso, de BMW, en el que se aplicó esta metodología en forma combinada.

El objetivo de la compañía era mejorar la planificación, el diseño y el control de costes de la presencia en la web de la marca.

Utilizando un sistema de *eye-tracking* (gafas de seguimiento de la mirada) y un medidor de respuesta galvánica de la piel *(biofeedback)*, se investigó cómo son las experiencias de los visitantes en distintos espacios de BMW en la red[6] para, posteriormente, analizar cómo se combina la presencia online con las vivencias que genera la marca.

Mediante electrodos, el *biofeedback* traduce en un monitor las reacciones fisiológicas que se generan en el organismo como respuesta ante determinados estímulos.

El uso de las gafas permite obtener información sobre la percepción visual y el grado de atención que se presta a cada uno de los aspectos bajo análisis.

Como veremos al llegar al Capítulo 4, la aplicación experimental incluye todas las metodologías que estén al alcance de las consultoras o de organismos especializados en el estudio del cerebro, desde electroencefalogramas u otros métodos para registrar la actividad eléctrica, hasta tomografías computadas que suministran neuroimágenes.

Estas últimas son muy interesantes, ya que permiten observar en un monitor qué es lo que está pasando en el cerebro de una persona ante un estímulo externo. Precisamente, uno de los factores que explican la explosión de conocimientos producida durante la denominada "década del cerebro" se debe al desarrollo de esta técnica.

Veamos un ejemplo aplicable al estudio de marcas[7]:

Corteza motora **Corteza** **somatosensorial**

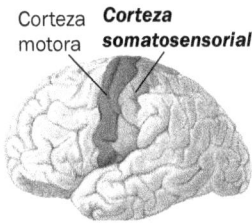

Si una marca despierta una respuesta en la corteza somatosensorial, puede inferirse que no ha provocado una compra instintiva e inmediata.

Aun cuando un cliente presente una actitud positiva hacia el producto, si tiene que "probarlo mentalmente" no está instantáneamente identificado con este.

Corteza prefrontal

El denominado "botón de compra" parece ubicarse en la corteza media prefrontal. Si esta área se activa, el cliente no está deliberando, está decidido a adquirir o poseer el producto.

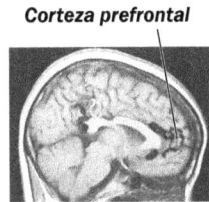

Cuando se utiliza la resonancia magnética funcional por imágenes (fMRI), cada exploración permite ver cómo y dónde se activa el cerebro ante cada estímulo mientras este trabaja. Imagine el lector el alcance de esta metodología ya que, según las zonas cerebrales que se activen, podemos indagar (entre muchos otros aspectos):

- Cuáles son los atributos de un producto o servicio que generan aceptación, rechazo o indiferencia. Esto puede hacerse con conocimiento de marca y en tests a ciegas, tal como hizo Read Montague en Estados Unidos con Coca-Cola y Pepsi[8].

Durante una investigación conocida como pionera en neuromarketing, Read Montague determinó que, a pesar de que Pepsi registraba una reacción placentera en cierta parte de la corteza cerebral, Coca-Cola estaba presente en esa misma zona, pero también –y esto explica la supremacía de la marca–, en otras áreas donde se almacenan las emociones agradables y los recuerdos positivos.

....

- El nivel de aceptación *(pretest)* y recordación *(postest)* de un anuncio en cualquiera de sus formatos (televisión, radio, impreso, vía pública, etc.) y el grado de impacto de cada una de sus partes, tanto en los aspectos neurosensoriales como en los relativos a los mecanismos de atención, emoción y memoria.
- La fuerza de los apegos emocionales a una marca en particular.
- Los estímulos que deben implementarse en un punto de ventas para incentivar las compras.

Como imaginará el lector, la lista puede ser tan extensa como lo exija la gestión de marketing. En la actualidad, la mayor parte de los estudios con neuroimágenes se realizan en institutos especializados (los países más avanzados en la materia son Estados Unidos y Alemania) y sus resultados son de enorme utilidad para las empresas que quieran aprovecharlos.

Sin duda, el creciente desarrollo de los aparatos que exploran y, sobre todo, localizan las activaciones cerebrales, ha abierto un campo de estudios verdaderamente apasionante, con resultados que dejan atrás muchos supuestos del pasado.

2. Un nuevo "tablero de comando": el cerebro humano

Hasta hace poco tiempo era difícil examinar en profundidad los mecanismos que determinan el comportamiento y las decisiones del consumidor. En la actualidad, los avances en el conocimiento del cerebro abren un enorme campo de aplicaciones para el neuromarketing. Por ello, en este capítulo comenzaremos por familiarizarnos con su lenguaje para (posteriormente) poder comprender cómo se implementan las nuevas aplicaciones a las estrategias de marketing.

2.1. ¿Qué es el cerebro?

En una primera aproximación al tema, podemos definir el cerebro como el órgano que alberga las células que se activan durante los procesos mentales conscientes y no conscientes.

Cada una de las partes que lo componen tiene una función específica, por ejemplo, distinguir una marca de otra a partir de su logo, disfrutar del aroma cuando nos encontramos en un punto de ventas, reconocer las diferencias que existen entre un producto y otro, transformar los pensamientos en habla, aprender y almacenar conocimientos y recuerdos en la memoria, entre muchas otras.

A través del cerebro, interactuamos con el mundo social y físico que nos rodea.

La realidad penetra en el cerebro mediante símbolos materiales, como las ondas acústicas, luminosas, etc., que a su vez se traducen en impulsos nerviosos que viajan por los circuitos neuronales. De este modo, *cada ser humano construye la realidad en función de lo que su cerebro percibe e interioriza.*

Estas funciones, que son el resultado de la activación y combinación de mecanismos complejos, pueden agruparse en tres grandes tipos cuyo estudio es de enorme interés para el neuromarketing:

- **Sensitivas:** porque el cerebro recibe estímulos de todos los órganos sensoriales, los compara, los procesa y los integra para formar nuestras percepciones.
- **Motoras:** porque el cerebro emite impulsos que controlan los movimientos voluntarios e involuntarios de nuestros músculos.
- **Integradoras:** porque el cerebro genera actividades mentales como el conocimiento, la memoria, las emociones y el lenguaje.

Más aun, para resolver ambigüedades y darle sentido al mundo, también crea información a partir de datos incompletos.

....

Dentro de cada cerebro se verifica un proceso dinámico de subsistemas interconectados entre sí que hacen millones de cosas a la vez. La actividad de estos subsistemas está controlada por corrientes eléctricas, agentes químicos y oscilaciones que la ciencia continúa esforzándose por develar.

....

Para comprender la relevancia de estas tres funciones, invitamos al lector a elaborar su propio ejemplo pensando, simplemente, en todo lo que ocurre cuando un individuo observa, prueba y elige un automóvil.

2.2. ¿Qué es la mente?

La *mente* humana puede definirse como el emergente del conjunto de procesos conscientes y no conscientes del *cerebro* que se producen por la interacción y comunicación entre grupos y circuitos de neuronas que originan tanto nuestros pensamientos como nuestros sentimientos.

Si bien las discusiones sobre la relación mente-cerebro son dinámicas, y se abordan incluso en el campo de la religión y la filosofía, los especialistas en neurociencias prácticamente no discrepan en cuanto a que *la mente tiene una base física y que esa base es el cerebro.*

....

La neurociencia cognitiva estudia cómo la actividad del cerebro crea la mente.

Para ello, analiza mecanismos responsables de los niveles superiores de nuestra actividad mental, como el pensamiento, la imaginación y el lenguaje.

....

Como vemos, mente y cuerpo no constituyen, en sí mismos, compartimentos estancos.

De hecho, ambos sistemas interactúan con el entorno modificándose recíprocamente, en un proceso caracterizado por una interrelación e interdependencia permanentes.

2.3. ¿Qué es el cerebro triuno?

Durante el transcurso de millones de años de evolución, en el cerebro humano se han superpuesto progresivamente *tres niveles* que funcionan de manera interconectada, cada uno de ellos con sus características específicas.

Los tres niveles cerebrales

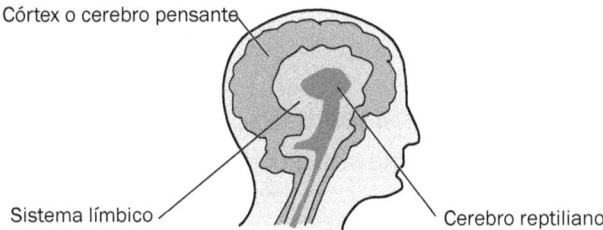

Córtex o cerebro pensante

Sistema límbico

Cerebro reptiliano

Estos niveles se conocen como sistema reptiliano, sistema límbico, y córtex o cerebro pensante.

El *cerebro reptiliano* es la zona más antigua[9] y se localiza en la parte baja y trasera del cráneo. En el centro de este sistema se encuentra el hipotálamo[10], que regula las conductas instintivas y las emociones primarias, tales como el hambre, los deseos sexuales y la temperatura corporal.

El cerebro reptiliano basa sus reacciones en lo conocido y no es proclive a ningún tipo de innovación.

Abarca un conjunto de reguladores preprogramados que determinan comportamientos y reacciones.

....

Al *sistema límbico* se lo conoce como el sistema de las emociones. Entre las principales estructuras que lo integran se ubican el hipocampo (que cumple una función muy importante en el aprendizaje y la memoria) y la amígdala, que dispara el miedo ante ciertos estímulos y desempeña un rol activo en nuestra vida emocional.

....

El sistema límbico ayuda a regular la expresión de las emociones y tiene un importante papel en la fijación de la memoria emocional. Esta zona del cerebro tiene una modalidad de funcionamiento no consciente.

....

El *córtex* o *cerebro pensante,* denominado también *neocórtex,* es el resultado más reciente de la evolución del cerebro (tiene menos de 4.000.000 de años).

Está dividido en los dos hemisferios cerebrales que, como veremos, están conectados por una gran estructura de aproximadamente 300 millones de fibras nerviosas, que es el cuerpo calloso.

....

El córtex cerebral es la sede del pensamiento y de las funciones cognitivas más elevadas, como el razonamiento abstracto y el lenguaje. Contiene los centros que interpretan y comprenden lo que percibimos a través de los sentidos.

....

El predominio de uno u otro nivel cerebral suele variar entre personas. Por ejemplo, si un individuo basa gran parte de su vida en el razonamiento lógico (actúa bajo las directrices de su hemisferio izquierdo), tenderá a mantener distancia de sus emociones, ejerciendo un excesivo control sobre el sistema límbico, que no le permitirá desarrollar una vida afectiva plena.

En cambio, si el individuo es excepcionalmente emotivo, sus impulsos pueden ocupar todo el espacio sin que la función evaluadora y analítica del córtex pueda intervenir.

....

APLICACIONES EN NEUROMARKETING
....

El conocimiento sobre los tres niveles cerebrales focaliza principalmente en las necesidades humanas, a cuya satisfacción apunta el neuromarketing, y en la posterior conversión de estas en deseos y demanda[11].

Por ejemplo, la compra de productos y servicios como seguros, alarmas y todos aquellos cuya demanda crece cuando existe una sensación de inseguridad, tiene su base en el cerebro reptiliano, que es instintivo.

Del mismo modo, las necesidades relacionadas con emociones, como el amor, el reconocimiento de los demás o la pertenencia a un grupo social determinado, tienen origen en el sistema límbico.

El córtex o cerebro pensante interviene cuando tendemos a analizar la información en forma más analítica, evaluando alternativas de manera consciente, por ejemplo, cuando hacemos una lista comparada de precios y características de un producto que estamos buscando.

....

2.4. ¿Qué son las neuronas y para qué sirven?

Las neuronas son las células nerviosas que dan sustrato biológico a las funciones mentales como la atención, la memoria a corto y a largo plazo, la capacidad visuoconstructiva y el razonamiento.

El paso del impulso eléctrico de una neurona a otra (que se realiza a través de las dendritas) se denomina sinapsis, y se estima que cada neurona puede estar conectada con hasta 100.000 neuronas diferentes (con las que establece múltiples sinapsis).

El cerebro humano posee alrededor de 100.000 millones de neuronas.

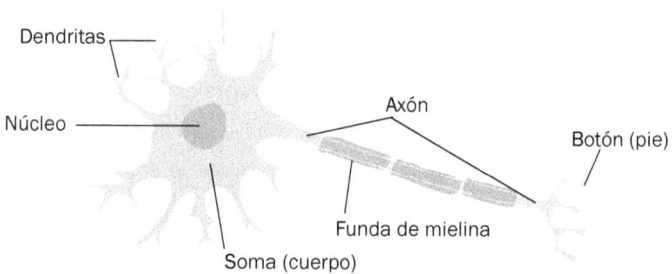

Las neuronas tipo tienen cuatro regiones diferenciadas: el cuerpo celular (soma), las dendritas, los axones y los terminales sinápticos.
Cada neurona se ramifica en un axón y cada axón, a su vez, se divide en varias ramas que contactan con otras neuronas. Este punto de contacto se denomina sinapsis.

Los millones de conexiones sinápticas que dan forma al cerebro es lo que se denomina "arborización dendrítica". Esta arborización permite una comunicación veloz y sumamente precisa entre los diferentes núcleos de neuronas que estructuran las distintas zonas cerebrales.

Ahora bien, tal vez el lector se pregunte: ¿cuál es la aplicación de esta información para vender productos y servicios? Veamos algunos ejemplos:

• El análisis de los mecanismos vinculados con el cableado neuronal es de gran ayuda para comprender el sustrato neurobiológico donde está inscrita la relación entre las personas, los productos y las marcas.

- Las conexiones neuronales se activarán y producirán una respuesta solo cuando los estímulos –por ejemplo, los beneficios tangibles e intangibles que suministra un producto o servicio, o el mensaje impactante de una estrategia de comunicaciones– sean lo suficientemente fuertes como para desencadenarla.

- El fenómeno de plasticidad neuronal está estrechamente relacionado con el aprendizaje del cliente y sus decisiones sobre productos, servicios y marcas.

- Mediante una estrategia de comunicaciones bien diseñada, las empresas pueden introducir nuevos conceptos en los procesos mentales de su *target* con el fin de lograr una determinada imagen de marca.

- Al definir una estrategia de reposicionamiento o cuando se decide modernizar el sistema de identidad completo de un producto o servicio y se logra captar la atención del cliente, se va rearmando en su cerebro el entramado neuronal que soporta la asociación con la marca.

Así, los estímulos procedentes de una estrategia de marketing, como producto, marca, precios, canales y comunicaciones, sumados a la experiencia (y aquí incluimos todos los factores que influyen en la conducta del consumidor), van conformando en el cerebro de las personas un cableado neuronal que se constituye en la base biológica de las decisiones que tomarán cuando deban elegir qué, cómo, dónde y cuándo comprar y consumir.

2.5. ¿Qué son los neurotransmisores y por qué son importantes en neuromarketing?

Los neurotransmisores son sustancias químicas que transmiten información de una neurona a otra. Esta información se propaga a través de las sinapsis.

En la actualidad se conocen aproximadamente cien tipos diferentes de neurotransmisores, cada uno con una función específica.

Por ejemplo, la acetilcolina favorece la capacidad de atender y memorizar, la dopamina regula niveles de respuesta y es fundamental en la motivación, las emociones y los sentimientos de placer, y la serotonina regula el estado anímico.

Los neurotransmisores son sustancias que las neuronas liberan para estimular o inhibir otras neuronas.

La relevancia del conocimiento de los neurotransmisores para el neuromarketing es que algunas de estas sustancias infunden placer; otras, calma, energía o capacidad de atención.

También están relacionadas con el efecto placebo.

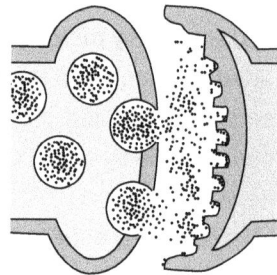

En el exceso o la escasez de algunos neurotransmisores se encuentra el origen de muchos estados de ánimo, por lo cual, por ejemplo, un individuo puede estar demasiado deprimido o demasiado eufórico sin comprender por qué se siente así.

Algunos estímulos sensoriales provocan la segregación de dopamina, generando estados de satisfacción en quien los percibe.

En un contexto de neuromarketing, la liberación de dopamina puede desencadenar la compra por impulso debido a la dominancia de determinadas emociones o estados de placer.

Cuando lleguemos al capítulo "Canales de marketing" veremos que los estímulos sensoriales que existen en un punto de venta pueden provocar ambos estados, por lo que es de fundamental importancia trabajar teniendo en cuenta estos conocimientos que suministran las neurociencias.

2.6. ¿Qué es la corteza cerebral y para qué la utilizamos?

La corteza es la zona responsable de la capacidad de razonar.

Es la región que nos diferencia del resto de los animales y se encarga de las funciones cognitivas más elevadas, como el lenguaje, la planificación, la creatividad y la imaginación, es decir, todas las habilidades que requiere el comportamiento inteligente.

Esta estructura ha evolucionado a lo largo de miles de años, alcanzando una superficie tan importante que tuvo que plegarse sobre sí misma para poder acomodarse dentro de las fronteras del cráneo, formando las arrugas que dan origen a los surcos y circunvoluciones. Si pudiéramos desplegarla y extenderla, ocuparía unos 2,5 m^2.

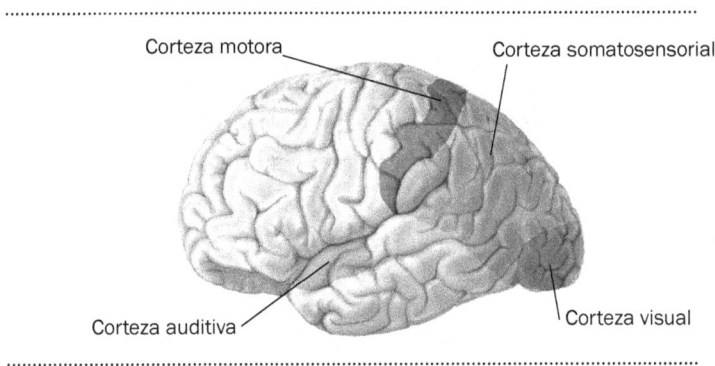

Corteza motora
Corteza somatosensorial
Corteza auditiva
Corteza visual

La corteza recubre el resto de las estructuras cerebrales y se encuentra dividida en cuatro grandes zonas: el lóbulo parietal, el lóbulo temporal, el lóbulo occipital y el lóbulo frontal.

Dentro de cada uno de los lóbulos hay varias áreas diferenciadas que cumplen distintas funciones: existen áreas responsables del
habla y el lenguaje, áreas que procesan la información que ingresa
a través de los canales sensoriales, áreas que nos permiten mover
voluntariamente los músculos para caminar, correr o subir una es-
calera, y áreas dedicadas a las funciones mentales superiores.

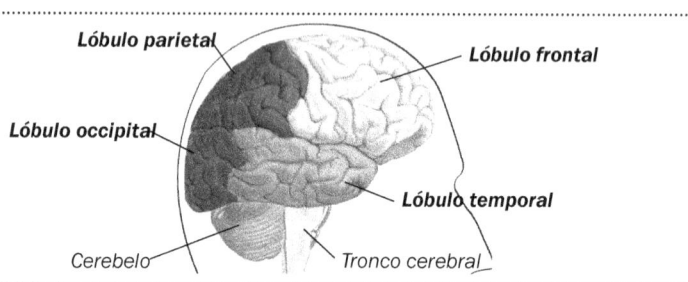

2.7. Hemisferios cerebrales. ¿Cuál es la importancia de su estudio en neuromarketing?

El cerebro humano está dividido en dos hemisferios que funcionan de modo diferente, pero complementario, y se conectan entre sí
mediante una estructura que se denomina "cuerpo calloso".

El *hemisferio izquierdo,* que controla el lado derecho del cuerpo, procesa la información en forma analítica y secuencial. Es el que utilizamos
cuando verbalizamos un discurso que hemos preparado o resolvemos
ejercicios de matemáticas. *Está relacionado con el pensamiento lineal.*

El pensamiento predominante en el *hemisferio izquierdo* es racional, analítico, lógico, verbal, numérico, razonador y realista. Anató-
micamente, su entramado neuronal es mucho más denso que el
del hemisferio derecho.

El *hemisferio derecho,* que controla el lado izquierdo del cuerpo, procesa la información en forma holística. Es el que utilizamos cuando nos conectamos con la creatividad, una obra de arte, música. *Está relacionado con el pensamiento creativo.*

El pensamiento predominante en el *hemisferio derecho* es intuitivo, sintético, difuso, imaginativo, creativo y holístico. Proporciona una idea general del entorno.

Hemisferios cerebrales

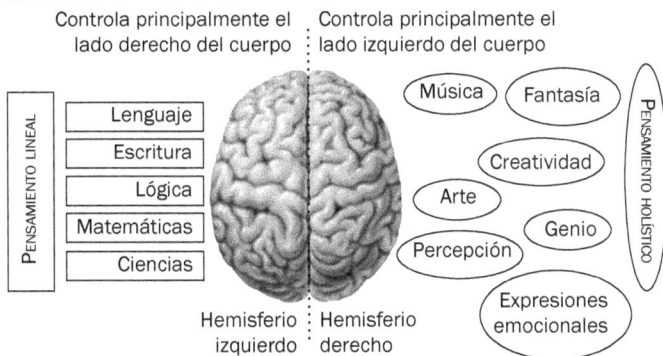

Controla principalmente el lado derecho del cuerpo / Controla principalmente el lado izquierdo del cuerpo

PENSAMIENTO LINEAL
- Lenguaje
- Escritura
- Lógica
- Matemáticas
- Ciencias

Música · Fantasía · Creatividad · Arte · Genio · Percepción · Expresiones emocionales

PENSAMIENTO HOLÍSTICO

Hemisferio izquierdo · Hemisferio derecho

El conocimiento sobre la especialización hemisférica tiene un sinnúmero de aplicaciones en neuromarketing. Veamos algunas de ellas:

- Algunas personas se aferran al orden y las estructuras (hemisferio izquierdo), mientras que otras son más transgresoras (hemisferio derecho). Las nuevas metodologías de investigación permiten detectar rápidamente estas diferencias para segmentar el mercado y diseñar una estrategia de marketing adecuada.
- Ante una innovación, será más fácil captar a los clientes en los que predomina el pensamiento característico del hemisferio derecho,

ya que siempre son los primeros en adoptar un nuevo producto.

- Los mensajes publicitarios, cuando destacan aspectos emocionales, capitalizan esas diferencias entre hemisferios. Cuando se logra impactar, impresionar al derecho, se evita que la actitud racional y crítica del izquierdo pase a un primer plano. Esta misma estrategia es utilizada en los puntos de venta, cuando lo que se busca es desencadenar la compra por impulso.

....

Los anuncios publicitarios que utilizan técnicas visuales centradas en imágenes impactantes, como los de Benetton, que no solo sorprendieron, sino que también escandalizaron y desataron verdaderas polémicas, causan un mayor impacto debido a que son procesados por el hemisferio derecho antes de que el izquierdo reaccione.

....

- En cuanto al precio, si lo que se busca es disminuir la sensibilidad a este, es aconsejable utilizar imágenes y conceptos que impacten en el hemisferio derecho, susceptible ante valores como la amistad, la belleza, el amor, antes de que el izquierdo (sensible a los cálculos) pueda intervenir.
- En cambio, si el objetivo de una campaña es poner en primer lugar el precio como beneficio para el cliente (como ocurre en la publicidad gráfica de los supermercados), conviene un relato breve, despejado, claro y preciso, para que el cerebro izquierdo recorra analíticamente el texto.
- Si el medio es auditivo, como la radio, la utilización de metáforas con un buen fondo musical alcanza mejores resultados porque produce mayor actividad en el hemisferio derecho.

Como vemos, estamos ante un tema cuya aplicación es de enorme utilidad. Afortunadamente, se ha producido una gran innovación en materia de metodologías para detectar, analizar y capitalizar estas diferencias y, en función de ello, diseñar las estrategias adecuadas para abordar el mercado.

3. Neuromarketing sensorial. Concepto y aplicaciones

La percepción sensorial es el fenómeno que nos permite, a través de nuestros sentidos, recibir, procesar y asignar significados a la información proveniente del medio ambiente en el que vivimos.

Sin embargo, los seres humanos tenemos, básicamente, dos formas de representar el mundo a partir de nuestras percepciones:

- La que surge de la experiencia externa: lo que vemos, lo que oímos, lo que degustamos, lo que tocamos[12] y lo que olemos del mundo exterior.

> Lo que el cerebro recibe es un conjunto de señales eléctricas que se ocupa de traducir para otorgar significado a la realidad que percibimos. En este proceso intervienen no solo los órganos sensoriales (como los ojos o el oído), sino también las cortezas sensoriales (como la corteza visual y la corteza auditiva).

- La que surge de representaciones *internas*: lo que vemos, lo que oímos, lo que degustamos, lo que tocamos y lo que olemos por acción de información archivada en nuestra *memoria* y de nuestras *creencias*, que actúan como filtros perceptuales[13].

> Como los cinco sentidos actúan como una especie de interfase entre las personas y el entorno, del que forman parte las acciones de las empresas, la *percepción sensorial* es uno de los fenómenos más apasionantes en el campo del neuromarketing, ya que *determina*

no sólo el posicionamiento de los productos, servicios y marcas, sino también el comportamiento y el aprendizaje del consumidor.

Años atrás, en nuestro libro *Marketing Total,* afirmábamos que "un producto es lo que el cliente percibe que es". En la actualidad, y como resultado de los conocimientos que hemos incorporado al focalizar nuestras investigaciones en los campos de la neuropsicología y las neurociencias, afirmamos que *un producto es una construcción cerebral.*

Si bien lo que cada producto representa en la mente de las personas es el resultado de un proceso individual –de hecho, no todos tienen la misma imagen sobre un Ferrari o un Audi–, existen similitudes que son compartidas por grupos con características homogéneas. Indagar cuáles son esas similitudes e interpretarlas es de gran importancia en neuromarketing, ya que proporcionan una base para segmentar el mercado mucho más eficaz que los criterios convencionales, como los datos demográficos, geográficos o psicográficos.

Esta construcción depende tanto de los fenómenos externos (como las características físicas del producto, su precio, la publicidad), como de las experiencias de quien percibe (su historia, su personalidad, sus valores, su estilo de vida, etcétera).

En este marco, uno de los grandes desafíos para el neuromarketing es el hecho de que la percepción sensorial abarca un conjunto de fenómenos que se desencadenan sin que un individuo los registre, esto es, por debajo de su umbral de conciencia.

Por ejemplo: si alguna vez le ha pasado que, sin saber por qué, se quiso ir de un lugar donde estaba realizando sus compras aun cuando no había seleccionado todos los productos que necesitaba, o directamente se fue sin comprar nada, es altamente probable que hayan sido los sonidos o la música de fondo los factores que, sin que usted lo notara, crearon la sensación de displacer que lo predispuso para que se retirara.

Una vez captado por los sentidos, un producto es evaluado en la corteza cerebral mediante la apreciación de la intensidad de las sensaciones que se experimentan durante la interacción.

Así, nos gustará o disgustará según la apreciación que nuestro cerebro haga de las sensaciones que nos provoca, es decir, por su cualidad (modalidad sensorial involucrada) e intensidad (energía del estímulo percibida).

En realidad, los aspectos metaconscientes relacionados con la percepción son tan determinantes en las decisiones del cliente que las investigaciones[14] tienden a indagar y profundizar en cuestiones que a simple vista parecen extrañas, como "el sonido de los alimentos", y que, sin embargo, no lo son. Veamos un ejemplo.

Las investigaciones en neuromarketing sensorial detectaron que el sonido que produce un alimento al morderlo es tan determinante sobre las preferencias del cliente como su aroma, sabor o apariencia.

Al analizar el comportamiento fuerza-desplazamiento y su naturaleza acústica, se observó que en la primera rotura que sufre una galletita al ser mordida se libera energía en forma de ultrasonidos con una frecuencia mayor a la que podemos oír, y que, sin embargo, es captada por el sistema auditivo y puede provocar rechazo en el cliente sin que él sea consciente de este proceso.

Por ello, uno de los campos de estudio del neuromarketing sensorial se enfoca en este tipo de evaluaciones, normalmente durante las primeras pruebas del producto.

Como vemos, las experiencias sensoriales del cliente constituyen un tema que debemos investigar, ya que a través de ellas pueden disfrutar, experimentar, sentir y, como consecuencia, comprar o no comprar un producto o un servicio. Cabe destacar que en estas experiencias también intervienen las emociones, ya que forman parte de la excitación sensorial provocada por elementos externos, como la belleza de una prenda que elegimos para conquistar o el placer que proporciona recorrer una góndola de vinos bien diseñada.

En este sentido, una de las aplicaciones más innovadoras del neuromarketing, además de las vinculadas al producto en sí, tiene que ver con los puntos de venta.

Tal como veremos en detalle en el Capítulo 7, hay un conjunto de especialistas que trabajan intensamente en shoppings, supermercados, bancos, grandes tiendas, locales franquiciados, etc., para maximizar el bienestar de los clientes mientras recorren sus diferentes ámbitos o esperan para ser atendidos.

La investigación sobre la eficacia de determinados estímulos en los puntos de venta es experimental.

En el caso de los aromas, por ejemplo, se expone a los participantes de una muestra representativa a ambientes perfumados con diferentes fragancias sin informarles sobre estas variaciones, evitando que focalicen su atención en este aspecto.

En todos los casos, mientras se registran sus reacciones, no varía la ubicación de los productos. Lo único que cambia es el aroma.

Posteriormente, los investigadores analizan si hubo cambios en el comportamiento y, a partir de ello, se elige una entre las opciones que estuvieron bajo estudio.

En función de estos objetivos, ningún aspecto se deja al azar: la estética en la presentación de los productos, las señales, la higiene, los elementos de confort (como los muebles y la temperatura) los aromas y la música se estudian al más mínimo nivel de detalle.

En todos los casos, e independientemente de las particularidades de cada estrategia, lo que se busca es seducir al cliente mediante experiencias neurosensoriales que agreguen valor no solo al producto, sino también a todos los servicios que este tiene asociados.

Como vemos, y para cerrar conceptualmente este apartado:

....

El posicionamiento de productos, servicios y marcas comienza a gestarse a través de los sistemas de percepción y se va esculpiendo mediante un proceso de construcción cerebral bidireccional, en el que intervienen tanto los estímulos que envían las empresas como los sistemas perceptuales y las experiencias del cliente.

....

4. El cerebro emocional

Desde siempre, y sobre ello se ha vertido mucha tinta en la literatura, se han relacionado los sentimientos con el corazón, pero si usted consultara a Joseph LeDoux[15], un destacado especialista que ha investigado el origen de nuestras emociones, lo más probable es que le respondiera: "No, las emociones se generan en el cerebro y a un nivel mucho más profundo que los sentimientos conscientes".

Con su investigación sobre el miedo en los animales, este notable investigador realizó un descubrimiento que le permite fundamentar sus afirmaciones.

Además de la larga vía neuronal que conecta el tálamo con el córtex (el cerebro pensante), existe otra vía que comunica directamente el tálamo (que constituye una estación de relevo que recibe la mayor parte de la información que ingresa al cerebro) con la amígdala (cuyo papel principal es el procesamiento y registro de emociones). Esta vía actúa como una especie de atajo que acorta el primer camino que recorre la información.

Por lo tanto, en el proceso de sentir las emociones el cerebro utiliza dos vías de acción. En la primera, denominada *vía rápida*, la amígdala recibe los estímulos procedentes de los sentidos y genera una respuesta automática y casi instantánea, por ejemplo, poner en el carrito "sin pensar en el precio" el vino francés que nos recomendó un amigo.

Un cuarto de segundo más tarde, la información llega a la corteza cerebral, donde se adapta al contexto real y se concibe un plan racional de acción: "Este vino cuesta casi 150 euros... ¿lo compro o no lo compro?". Esta sería *la vía lenta*.

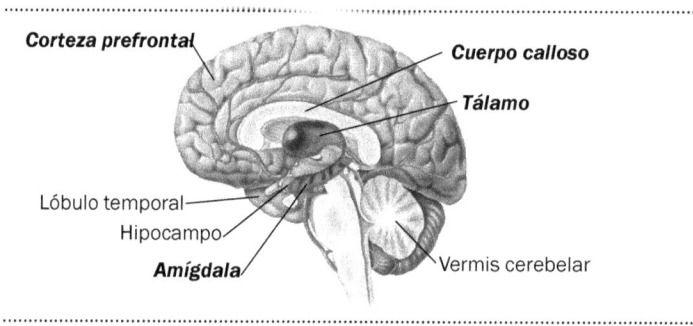

Como las investigaciones de LeDoux pusieron en evidencia que la toma de decisiones está fuertemente influida por el sistema emocional, nos queda más claro aun por qué las estrategias de marketing más exitosas son las que implementan las empresas que, al focalizar en los sentimientos y el hedonismo, logran desencadenar la compra por impulso (en el corto plazo) y la fidelidad a la marca (en el largo plazo).

Razón y emociones en la conducta de compra

Otro de los grandes hallazgos de LeDoux es que, aunque el cerebro humano tiene estructuras separadas para procesar lo emocional y lo racional, ambos sistemas se comunican y afectan a la conducta en forma conjunta. Por ese motivo, es muy probable que un cliente regrese a su casa con el vino que le recomendó su amigo, aunque haya razonado que es muy caro. Ahora bien, en lo personal, ¿tomó una decisión equivocada?

En este sentido, cabe destacar el aporte de Antonio Damasio[16], un experto que ha estudiado las zonas del cerebro que están involucradas en la planificación y la toma de decisiones. Después de años de investigación, llegó a la conclusión de que la capacidad de sentir aumenta la eficacia del razonamiento, mientras que su ausencia la reduce.

En su opinión, el error del paradigma cartesiano (que, como sabemos, ha sido de amplia aceptación en las empresas) fue abordar al individuo principalmente como mente, como razón, dejando como "algo" separado el cuerpo y las emociones.

En el ámbito vinculado al consumo, estas afirmaciones de Damasio han sido corroboradas por la neuroeconomía[17]. Al analizar el tema del precio, esta nueva disciplina descubrió que la maximización de utilidades basada en el pensamiento racional no es la principal motivación que gravita en la toma de decisiones ya que, en la mayor parte de los casos, los factores desencadenantes de las compras son las emociones, los valores y todo aquello que active el sistema de recompensas del cerebro.

Por lo tanto, y si bien existe, desde lo racional, un juicio valorativo sobre los productos y servicios, casi siempre recurrimos a nuestras dos mentes, la que piensa y la que siente, y esta última es la que define nuestras elecciones.

5. ¿Cuál es el futuro? ¿Cómo comenzar a pensarlo?

En 1943, Thomas Watson, fundador de IBM, pronosticó que la demanda global de los ordenadores sería de aproximadamente ¡cinco unidades! En 1977, Ken Olsen, fundador de la competencia de IBM

(Digital Equipment Corp), dijo que no había razón para que cualquier individuo tuviera un ordenador en su hogar[18].

¡Qué deducciones increíbles! Del mismo modo, ¿podemos afirmar que el neuromarketing será accesible solo para algunas empresas de la categoría "espaldas anchas" debido a su poder económico y de mercado?

Estamos convencidos de que la respuesta es "no". Precisamente, citamos a Watson para ayudar al lector a reflexionar sobre este tema debido a que más de una vez leerá formulaciones escépticas sobre la aplicación práctica del neuromarketing.

Del mismo modo que en la actualidad los ordenadores forman parte no solo de nuestros ámbitos de trabajo, sino también de nuestros hogares, los nuevos conocimientos y las metodologías que permiten investigar los procesos cerebrales ya son accesibles a un gran número de empresas.

Las pioneras, como Nestlé, Coca-Cola, Procter & Gamble, Disney y Kraft, seguramente llevarán la delantera. Esto no nos sorprende porque son empresas que siempre se han caracterizado por ser protagonistas del cambio.

Lo que debemos aprender de ellas es que cuando nuestras metodologías de trabajo ya no son tan buenas como para responder con éxito a los desafíos que nos presenta el entorno, estamos ante un nuevo juego que debemos aprender a jugar.

Por lo tanto, aprender cómo el cerebro incorpora, procesa, interpreta y almacena la información proporciona un conjunto de recursos de enorme potencial ante los cuales no podemos ni debemos ser indiferentes.

Cómo descubrir las necesidades y deseos profundos de nuestros clientes

1. El desafío de descubrir las necesidades y deseos no manifestados por nuestros clientes

¿Llegará el día en que podamos ahondar en la mente profunda del consumidor? ¿Encontraremos técnicas más efectivas para brindar satisfactores que superen lo que se ha estado haciendo hasta ahora?

Afortunadamente, estamos encontrando respuestas concretas para estas preguntas: *neuromarketing*, *neuromanagement* y *neuroventas* ya no son palabras extrañas en las empresas. Son términos que designan un conjunto de disciplinas de avanzada que, tal como vimos en el capítulo anterior, han surgido como resultado de la explosión de conocimientos que se produjeron a partir de la "década del cerebro" y constituyen una verdadera promesa para la gestión de negocios moderna.

....

Los avances en la neurociencia cognitiva y en la neuropsicología suministran información de enorme utilidad sobre el funcionamiento del cerebro y los neurocircuitos implicados en los procesos que subyacen en las necesidades y tomas de decisiones del cliente.

....

1.1. ¿Hacia dónde vamos?

La posibilidad de escanear *cerebros* humanos mientras están en actividad permitió desarrollar herramientas otrora inimaginables para indagar las *necesidades* de los clientes y descubrir los mecanismos mediante los cuales estas se convierten en *deseos* y, posteriormente, en *demanda* de productos y servicios.

Estos términos, que no por casualidad están remarcados, nos conducen hacia la elaboración de conceptos que son fundamentales para comprender un poco más esta especie de fusión de la teoría tradicional de marketing con el aporte de las neurociencias:

- Las *necesidades* describen lo que la gente requiere durante su vida: alimentos, bebidas, transporte, protección, comunicaciones, educación, esparcimiento, vestimenta, pertenencia a un grupo social, etcétera.
- Una necesidad se convierte en *deseo* cuando el cliente la asocia con un producto para satisfacerla.
- Un deseo se convierte en *demanda* cuando el cliente solicita dicho producto en un punto de venta.

El neuromarketing abrió un campo de investigación sumamente innovador en todo lo relacionado con el *comportamiento de consumo,* ya que sus técnicas permiten analizar tanto las conductas observables como aquellas que tienen su origen en motivos no conscientes y pueden descubrirse mediante el análisis de procesos cerebrales. Las siguientes son las principales áreas en las que se trabaja actualmente:

- **Investigación y análisis de conductas observables.**
  ¿Qué tipo de productos compra el cliente? ¿En qué lugares? ¿En qué cantidades? ¿En qué tamaños? ¿De qué marcas?

¿Qué y cuánto compra por internet? ¿Quién lo acompaña en los puntos de venta? ¿Para quién compra?

- **Investigación y análisis de conductas no observables (necesidades y motivaciones).**
  ¿Cuáles son las necesidades profundas que determinan la conducta de nuestros clientes? ¿Qué razones existen detrás de sus requerimientos? ¿Qué los motiva a comprar determinados productos o servicios y a rechazar otros?

Como los mecanismos no conscientes alteran las prioridades del cliente en cuanto a la satisfacción de necesidades, el neuromarketing indaga en los procesos profundos del cerebro para descubrir cuáles son las verdaderas razones que existen detrás de la conducta de compra.

- **Investigación de las percepciones del cliente.**
  ¿Cómo procesa el cliente la información sensorial que recibe a través de productos, servicios y estrategias de comunicación de las empresas? ¿Qué sentidos predominan cuando evalúa la variedad de alternativas que se le ofrecen en el mercado? ¿En qué grado influyen lo visual, lo auditivo y lo kinestésico[1] en el posicionamiento de un producto? ¿Qué aspectos relacionados con el gusto y el olfato son relevantes?
- **Investigación de las claves culturales relacionadas con la percepción.**
  ¿En qué medida los diferentes sentidos actúan como construcciones culturales? ¿Por qué el aroma de un alimento que resulta exquisito en China es rechazado por gran parte de los españoles? ¿Por qué la música que suena en los locales de una cadena de franquicias en Brasil no puede ser utilizada por la misma cadena en Japón? ¿Cómo deberían ser las diferentes opciones?

Los mecanismos que determinan la percepción de un producto o servicio y, consecuentemente, su posicionamiento, no pueden ser comprendidos si no se analizan las claves culturales.

La búsqueda de respuesta a esta pregunta parte de la premisa de que nuestras percepciones, además de una naturaleza biológica, tienen un componente dado por nuestra pertenencia a un determinado grupo social. Este componente constituye el foco de investigación de la antropología de los sentidos, una corriente que también comenzó a desarrollarse en la década de los noventa y que ha realizado un aporte muy valioso al neuromarketing.

- **Investigación sobre datos observables.**
¿Qué edad tiene el cliente? ¿Es casado o soltero? ¿Cuál es su situación vincular? ¿Cuál es su profesión, si la tiene? ¿Dónde vive? ¿Con quién vive? ¿Qué tipo de vivienda habita? ¿Tiene hijos? ¿De qué edades? ¿Cuál es su poder adquisitivo?
- **Investigación sobre los grupos de influencia.**
¿Cuáles son los grupos de pertenencia del cliente? ¿Quiénes influyen en sus decisiones de compra? ¿Qué valores y aspectos relacionados con el estilo de vida pueden detectarse a partir de sus relaciones?

El neuromarketing toma de la sociología el estudio del comportamiento de los grupos debido a la influencia que estos tienen en las decisiones del cliente individual.

Sin considerar las variables sociológicas y antropológicas que proporcionan bases adicionales para segmentar el mercado (como ocurre con la cultura, subcultura y clase social) no se puede interpretar la conducta de compra.

¿Cómo está compuesta su familia? ¿Qué miembros, dentro de esta, son los que más influyen cuando elige un lugar donde comprar?

- **Investigación sobre características de personalidad.**
¿Qué tipo de personalidad tiene el cliente? ¿Es innovador o tiene un perfil conservador frente a las novedades? ¿Cuáles son sus creencias y valores?

¿Es sociable? ¿Es juvenil y alegre o, por el contrario, es pesimista y poco proclive a los cambios? ¿Es sumiso o desenvuelto?

....

Muchos individuos tienden a ser similares en cuanto a algunas características de su personalidad.

Cuando determinados rasgos se pueden clasificar como homogéneos en un grupo de personas, una empresa encuentra un segmento de clientes potenciales a quienes dirigir su oferta, es decir, su *target*.

....

Por último, *y fundamentalmente:*

- **Investigación de los procesos cerebrales que explican en forma más eficiente y profunda las variables que determinan la percepción y el comportamiento del cliente.**
  - ¿Qué zonas del cerebro se activan cuando prueba un alimento?
  - ¿Por qué algunos circuitos neuronales permanecen apagados mientras que otros se encienden cuando experimenta con un producto?
  - ¿Influyen las características neurobiológicas relativas al género en la conducta de compra de hombres y mujeres? ¿Hay diferencias de importancia? ¿Cuáles?
  - ¿Qué zonas intervienen cuando un cliente evalúa el precio? ¿Cómo debe interpretarse esta activación?
  - ¿En qué lugares detiene la vista una mujer cuando recorre un supermercado? ¿Qué ocurre en el caso de los hombres?

¿En qué grado impacta cada estímulo neurosensorial según el género, la edad, la educación y el poder adquisitivo?
- ¿Qué ocurre en las zonas emocionales cuando un grupo de personas observa un anuncio? ¿Cuáles se activan y cuáles no? ¿En qué grado hay coincidencias y discrepancias entre los participantes?
- ¿Qué estrategias resultaron más efectivas para captar la atención?
- ¿Qué estímulos neurosensoriales favorecen la recordación?

Sin duda, y dado que los pensamientos y las emociones no existen en forma independiente de los procesos cerebrales, una de las funciones más importantes del neuromarketing es investigar y analizar los mecanismos neurobiológicos que dan soporte al estudio de las necesidades del consumidor y su comportamiento de compra.

1.2. ¿Cuál es el punto de partida?

Si bien el estudio de la conducta de compra se concentra en el modo en que los individuos toman decisiones para gastar sus recursos disponibles (no nos referimos aquí exclusivamente al dinero, sino también al tiempo y esfuerzo), *el punto de partida debe ser una cabal comprensión de sus necesidades.*

....

Para las empresas, una necesidad insatisfecha siempre es una oportunidad interesante de negocios, porque refleja un estado de carencia que puede ser resuelto mediante un producto o servicio.

....

En este marco, también debe tener un lugar destacado el análisis de las necesidades sociales porque, además de anunciar tendencias, el cliente individual casi siempre es influido por la opinión o presión de los grupos a los que pertenece.

La sociedad moldea nuestras acciones y la manera de satisfacer nuestras necesidades, por lo tanto, para comprender al ser humano como consumidor no solo debemos abarcarlo desde el punto de vista biológico (necesidad-hambre, por ejemplo), sino también desde el punto de vista social (el tipo de alimentos que selecciona según los hábitos de la sociedad de la que forma parte).

Recapitulando:

- Las necesidades humanas preexisten a los deseos y a la demanda de productos y servicios.
- Los deseos casi siempre están determinados por la forma en que lo cultural y lo social se interiorizan en los individuos.
- Si bien las estrategias de marketing influyen en las decisiones relacionadas con el consumo, ninguna de ellas tendrá éxito si antes no se investiga el mercado para detectar cuáles son las necesidades de las personas.

Asimismo, y para una mejor comprensión sobre la conversión de deseos en demanda, es fundamental verificar qué tipo de memorias emocionales y episódicas[2] están vinculadas con determinados productos y servicios, así como también con las marcas que los amparan. Ello ayudará también a definir cuáles son las asociaciones que influyen en su posicionamiento.

1.3. Toma de decisiones y conducta de compra

Casi todos realizamos algún tipo de esfuerzo para tomar una decisión, y este esfuerzo será de diferente intensidad según el tipo de necesidad de que se trate. Obviamente, no es lo mismo comprar una caja de cereales que adquirir un automóvil.

Ahora bien: ¿qué significa razonar y decidir en situaciones vinculadas con el proceso de consumo?

....

Las imágenes con las que razonamos a la hora de pensar cómo satisfacer una necesidad son imágenes de objetos específicos, como un producto, y también todas aquellas que se formaron en nuestra mente como resultado de las acciones de comunicación de las empresas, de la interacción social y de nuestro propio aprendizaje como consumidores.

....

Razonar y decidir suponen que quien habitualmente toma una decisión conoce:

- La situación que exige la toma de una decisión, por ejemplo, viajar desde Barcelona a Madrid.
- Las distintas opciones (respuestas) de acción: bus, tren, automóvil, avión y todo lo que ello involucra, como comodidades, proveedores de servicios, tipo, calidad y alcance de los servicios, etcétera.
- Las consecuencias inmediatas o futuras de cada una de estas opciones.

Por ejemplo, si ya probamos y adoptamos una marca de cereales, las pautas decisionales están archivadas en nuestro cerebro, por lo que el procesamiento mental de los datos es fundamentalmente no consciente y rápido.

No sucede lo mismo ante la compra de un automóvil, ya que tendemos habitualmente a analizarla en forma mucho más detenida, evaluando la información de manera... ¿consciente?

....

En los procesos de razonar y decidir sobre la adquisición de un producto o servicio las funciones cognitivas predominantes son las relacionadas con el aprendizaje adquirido, la atención, la memoria y las emociones. Su duración depende del poder adquisitivo del cliente y de la importancia de la compra que vaya a realizar.

Como imaginará el lector, los signos de interrogación no son producto de la casualidad: aunque creamos que estamos razonando de manera consciente, prácticamente en todas las compras que realizamos existen mecanismos metaconscientes que son los que, en definitiva, definen la decisión que vamos a tomar, tal como se refleja en el caso Daimler-Chrysler.

El caso Daimler-Chrysler

Daimler-Chrysler realizó una investigación aplicando técnicas de neuroimágenes en la que participaron 12 hombres a quienes se les presentaron fotografías de 66 modelos de automóviles (22 coches deportivos, 22 sedanes y 22 autos pequeños)[3].

Mientras los participantes observaban las imágenes, el tomógrafo permitió detectar que los coches deportivos activaban un centro del cerebro que normalmente es estimulado por el alcohol y el sexo, y que los modelos con faros principales con forma de ojos generaban actividad cerebral en el área de reconocimiento de rostros.

Asimismo, entre los modelos utilizados para las pruebas, los que provocaron una activación cerebral más fuerte fueron los siguientes: Ferrari 360 Modena, BMW Z8 y Mercedes-Benz SLR.

Como vemos, estas investigaciones permiten descubrir aspectos que activan los sistemas de recompensa del cerebro y, al mismo tiempo, son sumamente eficaces para diseñar estrategias que atraigan a los consumidores hacia la marca propia mediante satisfactores que les proporcionen un resultado placentero.

El neuromarketing ha comprobado que cuanto mayor es la importancia de una compra, mayor es la influencia de lo que denominamos "memoria del metaconsciente", esto es, el conjunto de experiencias, sentimientos y emociones que vamos incorporando a lo largo de la vida que determinan no solo nuestra particular construcción de la realidad, sino también las decisiones que tomamos como consumidores.

....

1.4. Necesidades genéricas y derivadas. Orientación para la definición de productos y servicios mediante investigaciones más profundas

Las necesidades *genéricas* o *básicas* se asocian con una sensación de carencia, de falta de "algo", que *no tiene asociación con ninguna marca en particular.*

Tomemos como ejemplo la sed. Cuando la sentimos, se activa en nuestro cerebro una zona específica que funciona como señal de alerta para que no nos deshidratemos y mantengamos nuestro volumen sanguíneo y nuestra presión arterial. Lo que el cuerpo requiere para satisfacer esta necesidad es simplemente agua y sal.

Las *necesidades derivadas,* en cambio, *tienen una asociación directa con las marcas,* es decir, con lo que el cliente percibe que resuelve la insatisfacción o carencia que experimenta en forma específica; por lo tanto, las estrategias de las empresas se dirigen hacia ellas.

....

Las necesidades genéricas y las derivadas no se registran en la misma zona del cerebro. Un hombre primitivo, por ejemplo, tal vez pensaría en un arroyo para beber, ya que no tiene en su mente las imágenes que han logrado construir las grandes marcas, como Evian, cuyo consumo está asociado con los atributos generados por la estrategia de comunicación (lo sano, lo natural, etcétera).

....

Por ejemplo, cuando un cliente pide agua mineral Evian podemos inferir que su cerebro está respondiendo no sólo a una necesidad genérica (sed), sino también a la derivada que surge de todos los aspectos relacionados con su vínculo con esta marca. Por lo tanto, tal como refleja la figura siguiente, este es el principal campo de acción de la actividad de marketing, que debe responder con un producto o servicio concreto y, fundamentalmente, diferenciarlo de sus competidores.

NECESIDADES GENÉRICAS
Sentido de carencia

Definen en qué negocio opera la empresa

NECESIDADES DERIVADAS
Deseo de un producto o servicio

RESPUESTA COMERCIAL CONCRETA

ACCIÓN DE MARKETING

Las necesidades genéricas no se saturan: por ejemplo, el ser humano siempre va a tener necesidad de desplazarse, de comunicarse, de vestirse, de beber. Por esta razón son las que definen en qué negocio opera la empresa.

Con las derivadas no ocurre lo mismo. Como están relacionadas con el deseo, son las que representan un verdadero desafío para diseñar productos y servicios que suministren los mejores satisfactores y lo hagan en forma diferenciada.

Los siguientes casos (que tomamos de noticias sobre innovaciones surgidas en Oriente) nos serán de gran utilidad para comprender estos conceptos:

- Los diseñadores de moda han comenzado a desarrollar "prendas inteligentes", creadas para incidir sobre procesos fisiológicos no deseados por los individuos, como la transpiración.
- Algunas prendas de ropa interior incorporan una sustancia capaz de absorber malos olores y otras ayudan a adelgazar gracias a la presencia de cafeína en su composición.

A partir de estos ejemplos podemos razonar lo siguiente: ¿se ha saturado la necesidad genérica de cubrirse el cuerpo, de vestirse? Obviamente, no. Lo que se registra es una evolución hacia nuevas formas de satisfacer esta necesidad a medida que se desarrollan alternativas más sofisticadas, como ocurre con los productos "inteligentes".

1.5. Neuromarketing en el mundo del deseo del consumidor

En el campo del neuromarketing, los *deseos* son la forma que toman las necesidades al ser moldeadas por la sociedad, la cultura y la propia personalidad de un cliente. La *demanda* puede conceptualizarse como la materialización de un deseo a partir de la adquisición de un producto o servicio.

....

Nuestros deseos son prácticamente ilimitados, no así nuestros recursos.

La transformación de los deseos en demanda efectiva solo se produce cuando existe voluntad de compra y poder adquisitivo.

....

Como cualquier otro aspecto relacionado con la realidad de un individuo, *los deseos se pueden analizar como construcciones cerebrales* cuyos mecanismos se activan cuando una persona es estimulada por la estrategia de marketing de una empresa.

Por ejemplo, en el caso de los coches deportivos, la asociación deseo-marca puede tener distintos anclajes bajo la forma de conexiones neuronales: el que provoca la belleza del diseño, la sensación de poder, el desafío de conducir a alta velocidad, o cualquier aspecto del mundo simbólico creado por las estrategias de comunicación en las que el producto se vincule con necesidades psicogénicas, como el estatus social[4].

Varios estudios realizados con fMRI llegaron a la conclusión de que algunas marcas "premium" influyen notablemente en los deseos del consumidor al comandar circuitos cerebrales involucrados en la memoria, la toma de decisiones y la imagen que este tiene sobre sí mismo.

La imagen del frente de un coche activa en el cerebro la misma área que la que se activa cuando es estimulada por un rostro humano.

Esto explica la importancia de la relación coche-mujer en publicidad.

A su vez, el anuncio repetido de un producto asociado con el rostro de una mujer bella actúa como reforzador de la memoria visual y activa el sistema de recompensa del cerebro.

Los coches deportivos y el circuito cerebral de recompensa

Durante la investigación realizada por Erk en 2002[5] se observó que las imágenes de los autos deportivos activaron áreas cerebrales relacionadas con el circuito de recompensa:

• Corteza prefrontal medial: implicada en la autoimagen e identificación.

• Cíngulo anterior: asociado con el sistema de motivación.

• Corteza órbitofrontal: asociada con el proceso de toma de decisiones cuando intervienen componentes emocionales.

• Núcleo accumbens: centro del placer. Su activación indica una sensación de bienestar y genera conductas de búsqueda y aproximación a dicha situación.

• Striatum ventral: conecta las áreas del cerebro asociadas a la recompensa, activando todo el sistema.

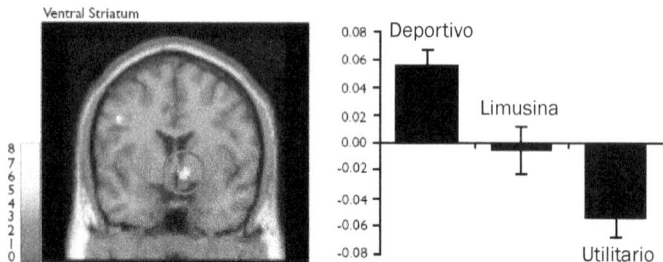

◆ Los autos deportivos simbolizan la velocidad, el poder y la independencia e indican abundancia y superioridad. Esto constituye una fuerte señal de dominancia social.

◆ En una situación de mercado, un producto asociado con los autos deportivos activa las mismas estructuras cerebrales de recompensa[6].

Este tipo de experimentos representan un hito para el neuromarketing, porque demuestran que hay una representación cultural diferencial de los objetos de mayor valor simbólico en el cerebro y que es posible conocer sus características.

2. Mecanismos cerebrales vinculados con la motivación del cliente

En el ámbito del neuromarketing, la motivación puede conceptualizarse como una fuerza que actúa en el cerebro de un cliente y lo impulsa hacia una conducta determinada. Esa fuerza es generada por un estado de tensión que tiene su origen en una percepción de carencia, es decir, en una necesidad insatisfecha relacionada con un producto o servicio.

Como consumidores, todos nos esforzamos por reducir este tipo de tensiones mediante un comportamiento que apunte a satisfacer nuestras necesidades, por ejemplo, cada vez que decidimos efectuar una compra determinada.

Durante este proceso, los cursos de acción que emprendemos están influidos por nuestras funciones cognitivas y el aprendizaje individual y social.

El proceso de motivación

La motivación es la función cerebral que permite vincular un determinado objetivo con el alcance de una recompensa.

META → MOTIVACIÓN → RECOMPENSA

Se puede decir, entonces, que hay una estrecha relación entre el sistema cerebral de recompensa, la motivación y el conocimiento previo sobre productos y servicios que tenemos archivado en nuestros almacenes de memoria.

Por ello, y con ayuda de la neuropsicología, el neuromarketing busca comprender cómo resuelven los clientes la tensión generada por ese estado inicial de carencia partiendo de la premisa de que, por lo general, hay tres disparadores diferentes que permiten comprender el proceso de motivación: *confort, placer* y *estímulo.*

- El *confort* que surge de la satisfacción de las necesidades internas.
- El *placer* de reducir la tensión originada por un estado de carencia una vez que éste es resuelto.
- La búsqueda de *estímulos* como fin en sí misma.

Los productos y servicios deben brindar respuestas a estos tres temas centrales, sumando a ellos otro tipo de satisfactores que activen el sistema de recompensas del cerebro.

Veamos un ejemplo:

El caso Rexona V8 y los coches deportivos

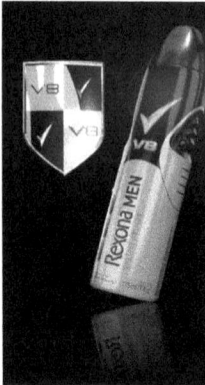

La campaña de diseño y comercialización del producto se basó en la pasión que sienten los hombres por determinados modelos de automóvil, hasta tal punto que el diseño del pack, concebido como innovador y exclusivo, se puede comparar con el de los mejores vehículos deportivos de alta performance.

Fuente: basado en comentarios de Javier Kolliker Frers, Brand Manager de Rexona, a la prensa especializada. © Rexona-Unilever.

Tal como se refleja en el mensaje de Rexona V8, la asociación de recompensas primarias (relacionadas con las necesidades biogénicas) con recompensas secundarias (necesidades psicogénicas) es muy interesante para guiar la conducta del cliente hacia la meta deseada siempre que el resultado de su interacción con el producto sea placentero.

2.1. ¿Por qué el cliente rechaza algunos productos y servicios? El problema de la motivación negativa

Cuando el enfoque se centra en el análisis del ser humano como consumidor, la motivación puede ser positiva o negativa, esto es, un cliente puede sentir una fuerza que lo impulse hacia un determinado producto o servicio, o bien una fuerza que lo aleje de este.

....

Mientras la motivación positiva se asocia con necesidades, carencias o deseos, la negativa tiene que ver con temores o aversiones que alejan al cliente del producto, aunque lo necesite.

....

Exceptuando casos extremos, como puede ser el de los cementerios privados –que requieren una fuerza de ventas altamente especializada–, la motivación negativa explica por qué las empresas recurren a un sinnúmero de estrategias con el fin de reducir su efecto.

Algunas lo hacen mediante modificaciones en el producto físico, por ejemplo, cinco versiones de gaseosas que contienen diferentes grados calóricos; o apelando a otras variables del *mix* de marketing, como el precio o la estrategia de comunicaciones.

2.2. Motivación racional, emocional y oculta

De la mano de la neuroeconomía, el neuromarketing parte de la premisa de que los clientes no se comportan en forma tan racional como sostiene la teoría económica clásica.

Ya ha sido comprobado que, excepto en casos en los que adquirimos productos sin ninguna importancia fuera de lo funcional, como ocurre con las compras domésticas de clavos, arandelas o tuercas, siempre existen motivos no racionales en las decisiones del consumidor[7].

Motivaciones ocultas

La mayor parte de las decisiones de compra están basadas en deseos, sentimientos y emociones que no son accesibles a la conciencia del consumidor.

Las técnicas de neuromarketing permiten indagar cuáles son las motivaciones no conscientes, ya que son estas las que acercan o alejan a las personas de determinados productos y servicios.

Veamos un ejemplo relacionado con uno de los grandes temas que estudia el neuromarketing: la relación precio-calidad en función de las percepciones del cliente.

Neuromarketing aplicado.
Cómo definir el precio de un producto mediante el análisis de la actividad neuronal

Una investigación llevada a cabo por Plassmann y colaboradores[8] tenía entre sus objetivos analizar los efectos de determinadas acciones de marketing en la actividad neuronal.

El estudio se basó en la presentación de una muestra de vinos con sus correspondientes precios a diversos participantes, en quienes se midieron los niveles de agrado mientras sus cerebros eran escaneados con resonancia magnética funcional (fMRI). A medida que los precios iban incrementándose, los participantes manifestaron mayor agrado, revelando una relación directamente proporcional: a mayor precio, mayor actividad neuronal en las áreas vinculadas al placer y la recompensa.

Este experimento demostró que, independientemente de las características físicas del producto que se estaba probando, la actividad neuronal en las zonas bajo estudio aumentaba cuando los participantes creían que estaban tomando vinos más caros, revelando que un factor psicológico no relacionado con la real sensación de gusto afectaba directamente la percepción de agrado y los predisponía a pagar un mayor precio.

Como vemos, es necesario que el marketing migre hacia nuevas metodologías para conocer a los clientes, ya que tanto las encuestas como las conversaciones guiadas durante la investigación motivacional obtienen información basada en la reflexión consciente, cuando en realidad la mayor parte de nuestras motivaciones permanecen ocultas.

3. Niveles cerebrales: crisis, necesidades, deseos y demanda en la mente del mercado

Una manera de simplificar la interpretación de las necesidades de los clientes y los correspondientes comportamientos de compra asociados con ellas consiste en agruparlas y organizarlas en categorías.

Para enriquecer este análisis, tomaremos como referencia los últimos aportes del neuromarketing relacionando el funcionamiento del cerebro reptiliano, límbico y pensante con dos grandes categorías de necesidades humanas, las de orden inferior (biogénicas) y las de orden superior (psicogénicas)[9].

3.1. Las necesidades biogénicas y el cerebro reptiliano

Gran parte de las decisiones relacionadas con la satisfacción de las necesidades biogénicas, fundamentalmente las que afloran ante una sensación de peligro, operan en el cerebro reptiliano, que es básicamente instintivo.

En situaciones de crisis económicas importantes aparecen fuertes estados de tensión psicológica, ansiedad y pérdida de rumbo. En este contexto, las necesidades de orden inferior, que se registran en este nivel cerebral primitivo, se precipitan en primer término.

Un buen ejemplo es el cambio en el estilo de vida que se ha producido en las sociedades avanzadas, que ha llevado a un primer plano las necesidades de seguridad (física y económica). Estos cambios se reflejan en los hábitos de consumo, no solamente en lo que se gasta (que es menos cuando existe temor a la pérdida del empleo), sino también en la cantidad y tipo de productos y servicios que se demandan.

A principios de 2009, por ejemplo, se comprobó que, aun en segmentos de mercado de alto poder adquisitivo, la propensión al ahorro era superior a la propensión al consumo. Ello llevó a una disminución de las ventas de los bienes que la economía considera de lujo y ubicó en un primer plano aquellos que se clasifican como normales y necesarios. Ahora bien, ¿era necesario este cambio? La respuesta a esta pregunta nos remite a un tema central en marketing, el de la percepción.

Del mismo modo que en economía los rumores crean realidades, el cerebro de una persona que vive en un ambiente amenazado por la inseguridad no solo registra la información que procede de los medios, sino que la procesa e interpreta como un peligro real e inminente. Esto genera cambios en sus conexiones neuronales y, consecuentemente, en su comportamiento frente al consumo.

En otros términos, aunque un individuo nunca haya sido víctima de un hecho delictivo o de un atentado terrorista y tenga un trabajo que puede considerarse estable, su percepción de inseguridad se potencia cuando vive en una sociedad proclive a este tipo de peligros.

Esta percepción provoca dos consecuencias básicas que están asociadas. Por un lado, la tendencia a priorizar el gasto en servicios que garanticen protección; por otro, la propensión al ahorro ante la amenaza de la pérdida de empleo.

Si bien este mecanismo no describe el rango completo de comportamientos emotivos o instintivos, conocer cómo se desencadenan es muy importante para comprender la conducta de consumo en determinados contextos sociales y económicos.

3.2. Las necesidades psicogénicas y el cerebro límbico

Las necesidades denominadas "psicogénicas" incluyen factores internos (como el amor por uno mismo, la autonomía y la autorrealización) y factores externos (como la posición social, el reconocimiento de los demás y la atención que somos capaces de lograr). Prácticamente todos ellos están relacionados con emociones.

Como estas necesidades tienen una urgencia menor que las biogénicas, en situaciones de crisis suelen precipitarse o modificarse.

Por ejemplo, después del atentado de las Torres Gemelas, muchos estudiantes de distintas partes del mundo renunciaron a su deseo de graduarse en Harvard o en el MIT ante el temor de insertarse en una sociedad amenazada por el terrorismo. El resultado fue un aumento de las matrículas en las universidades de sus países de origen o bien en otros donde no estuviera presente este tipo de peligro.

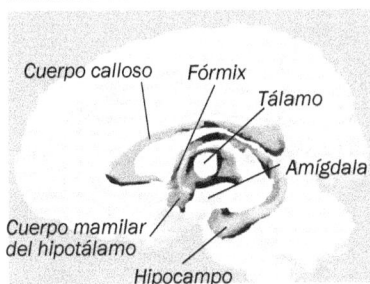

Cuerpo calloso   Fórmix
                  Tálamo
                  Amígdala
Cuerpo mamilar
del hipotálamo
        Hipocampo

Las emociones se generan en el sistema límbico mediante un grupo de estructuras cerebrales que ayudan a regular su expresión.

En Estados Unidos, las acciones de las compañías de navegación aérea cayeron literalmente en picado. Lo mismo sucedió con las grandes empresas que brindan entretenimiento y diversión en forma diversificada y masiva, como Disney.

Sin embargo, se produjo un fenómeno interesante: el miedo instalado en la población indujo fuertes conductas de evitación hacia todos aquellos contextos ahora definidos como de peligro potencial.

Curiosamente (y como contrapartida), este fenómeno propició un mayor acercamiento del público hacia marcas orientadas al consumo íntimo y familiar, como Blockbuster, que fue una de las pocas empresas cuyas acciones se dispararon hasta las nubes en plena crisis, esto es, cuando otras se hundían inexorablemente.

Esto significa que en situaciones de enorme inseguridad social (tanto física como económica) se produce también una variación cualitativa en la percepción que hace que las necesidades biogénicas influyan en las psicogénicas, modificando el modo en que estas se transforman en deseos y, posteriormente, en demanda.

A nivel cerebral, las necesidades relacionadas con el amor, el afecto, el sentido de pertenencia y la aceptación están reguladas por el sistema límbico, y los sentimientos de rabia o injusticia activan una pequeña estructura denominada "ínsula".

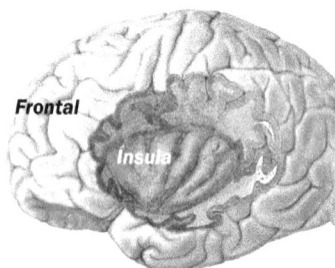

La ínsula se activa ante experiencias relacionadas con el dolor y otras emociones negativas, como rabia, disgusto, sensación de injusticia.

En un contexto de neuromarketing, un estímulo desencadenado por un producto o servicio que active la ínsula indica que el cliente lo rechaza, esto es, que la decisión de compra no se producirá.

3.3. Necesidades psicogénicas elevadas: córtex o cerebro pensante

En contextos normales, cuando un individuo satisface una necesidad de orden inferior comienza a dominar la siguiente y así sucesivamente[10]. Por ello, es normal que una persona con todas sus necesidades básicas resueltas decida hacer un máster para aumentar sus conocimientos o formar parte de un club determinado para satisfacer sus aspiraciones sociales.

Sin embargo, las motivaciones no pueden conceptualizarse como un proceso lineal, como algo que va de menor a mayor, porque la realidad nos ha demostrado con innumerables ejemplos que, cuando cambian las circunstancias, una persona puede moverse bidireccionalmente, es decir, hacia arriba o hacia abajo en su propia jerarquía de necesidades.

El caso más extremo estaría dado por el predominio de las biogénicas sobre las psicogénicas en un número interesante de integrantes de un mercado. Por ejemplo, a principios de 2009 bajaron las matrículas en las universidades privadas de muchos países y, paralelamente, aumentaron los gastos en productos destinados a satisfacer necesidades de orden inferior, lo cual evidenció un predominio de los cerebros límbico y reptiliano que se reflejó en el comportamiento de consumo.

En neuromarketing, la importancia de estar al día en investigaciones que permitan detectar las tendencias y, en lo posible, anticiparse a ellas, tiene su origen en una situación que se observa en todos los mercados:

....

Una alteración en la jerarquía de necesidades hace que se modifique la demanda de productos y servicios.

....

Como vemos, se trata de una razón más que suficiente para que estemos permanentemente atentos a lo que ocurre en el entorno, esto es, para que "salgamos de la fábrica" y analicemos lo que verdaderamente acontece en el mercado.

4. Aplicaciones: ¿cómo investigamos las necesidades del consumidor en neuromarketing?

El estudio del comportamiento de compras presenta características particulares que requieren la utilización de metodologías rigurosas de investigación y análisis[11] debido, entre otros, a los siguientes motivos:

- **Es complejo:** la conducta de compra está notablemente influida por un conjunto de variables que es necesario indagar, como variables neurobiológicas, de género, edad, geográficas, psicográficas, sociales, económicas, culturales, etcétera.
- **Es dinámico:** las necesidades y motivaciones cambian en cuanto cambia el contexto, por lo tanto, la inteligencia de neuromarketing debe investigarlas sistemáticamente, tanto en la etapa de desarrollo de un nuevo producto como en las posteriores, es decir, durante su ciclo de vida.
- **Es variable:** esta característica normalmente se asocia con el riesgo percibido. Si se trata de un seguro de retiro, por ejemplo, el riesgo percibido es alto, lo cual llevará a un proceso más lento en la selección y definición de la compra. No ocurre lo mismo con los productos de compra corriente, como una caja de cereales o galletitas.

....

El análisis del comportamiento del consumidor alcanzó un mayor grado de complejidad al confirmarse que la toma de decisiones ante el consumo está impulsada más por motivos metaconscientes que conscientes.

....

A su vez, el tipo de producto determina el nivel de implicación del cliente en la compra. Si la implicación es alta, el tiempo que le dedique a la búsqueda de información, evaluación de alternativas y toma de decisiones de compra será mayor, así como también su predisposición para "escuchar" la opinión de quienes pueden influir en sus elecciones.

- **Difiere según el tipo de mercado:** el término "consumidor" se utiliza tanto para describir al cliente individual como al cliente industrial u organizacional. Las características de ambos tipos de clientes son diferentes porque es diferente el destino de la compra.
- **Varía entre compradores y usuarios finales:** como la mayoría de los clientes adquieren productos para sí mismos y para sus familias, es muy importante, desde el punto de vista de marketing, distinguir entre *comprador* y *usuario*.

....

La distinción entre comprador y usuario es muy importante para que la empresa pueda seleccionar correctamente a quién dirigir su mensaje mediante una estrategia de comunicación adecuada.

....

Los juguetes, por ejemplo, se anuncian casi siempre en programas televisivos para niños, quienes, además de ser los usuarios, tienen gran influencia en las decisiones de los compradores (normalmente sus padres o parientes muy cercanos).

- **Quien decide la compra no siempre es el usuario:** esto se observa con claridad en el caso de los medicamentos recetados, donde es el médico, y no el paciente, quien determina cuál es el producto que se adquirirá. Esto explica por qué la mayoría de las campañas de comunicación de los laboratorios se realizan mediante visitadores médicos que se dirigen al *target* influyente y no al directo (que en este caso es el cliente final).
- **El consumidor es muy proclive a recibir influencias externas:** dentro de los grupos primarios, la familia es el más influyente.

Por ello, la inteligencia de marketing se concentra en detectar no solamente cómo está formada (en cuanto a las características sociodemográficas de sus integrantes), sino también cómo se ejerce y qué grado alcanza la influencia de cada uno de sus miembros en las decisiones relacionadas con el consumo.

• **Cambia la predisposición a la compra de determinados productos según los diferentes momentos del día:** al amanecer, los niveles de serotonina son elevados, lo que explica que las personas no sientan necesidad de consumir un plato de ravioles o un helado, por ejemplo. Sin embargo, a lo largo del día los niveles de dicha sustancia comienzan a disminuir y, aproximadamente a las 16 horas, se produce un brusco descenso. En este momento, los bajos niveles de este neurotransmisor incrementan la atracción hacia los alimentos ricos en carbohidratos, como los dulces o las harinas. Esta información reviste importancia fundamental para el ámbito del neuromarketing. Por ejemplo, en el diseño de una campaña promocional de chocolates, postres o galletitas para la degustación en stands o puntos de venta es necesario tomar en cuenta la franja horaria en la cual el público se encuentra más receptivo y deseoso de ingerir este tipo de alimentos.

El mismo análisis debe hacerse cuando se define una estrategia de medios. Por ejemplo, un anuncio sobre alguna de las exquisiteces de Nestlé no producirá el mismo efecto por la mañana que por la tarde.

En este último caso, al existir una mayor predisposición al consumo propiciada por los bajos niveles de serotonina, la necesidad de comer dulces puede volverse difícil de controlar.

Por esta razón es común que una compra en el supermercado por la tarde termine con uno o varios productos de altas calorías en el carrito.

Como vemos, la investigación del comportamiento de compras, si bien es apasionante, no es sencilla.

Son muchas las variables que es necesario identificar y seleccionar para indagar exhaustivamente cuáles son las necesidades, las motivaciones y las influencias que dan forma al *proceso de decisión de compra.*

....

Las investigaciones reflejan que en los estratos más altos son las mujeres quienes toman la mayor parte de las decisiones de compra.

También se ha registrado una gran influencia de los niños, al cambiar los patrones tradicionales de educación, y hay un mayor compromiso del hombre al efectuar las compras para el hogar, sobre todo desde que se reformularon las estrategias de canales de marketing creando el *boom* de la "compra paseo".

....

Este proceso involucra todo lo que gravita sobre cada una de las etapas que atraviesa el cliente desde que registra una necesidad hasta el momento posterior al acto de compra, en el que también debe evaluarse su estado de satisfacción o insatisfacción en función de la experiencia obtenida con el uso del producto o servicio.

En síntesis, y recapitulando:

• La inteligencia de neuromarketing deberá detectar cuáles son los modelos de conducta que imponen al individuo sus características neurobiológicas, la clase social, la cultura, las subculturas, la religión, la ideología, el sistema educativo y los grupos de pertenencia.

• Además deberá tener en cuenta que, después de la familia, los grupos de amigos son los que mayor influencia tienen en las decisiones del consumidor, debido a que normalmente comparten sus valores y estilo de vida.

• Asimismo, deberá identificar qué papel desempeña el individuo en el contexto social y en la familia, y cuáles son las influencias que recibe de su medio ambiente, considerando también el estudio de tendencias que, como ya dijimos, son premonitorias para detectar necesidades que den forma al desarrollo de nuevos productos capaces de satisfacerlas.

A lo largo de esta obra veremos cómo se emprenden las nuevas investigaciones[12] y cómo se trabaja para diseñar un *mix* de marketing efectivo, capaz de responder tanto a las necesidades y deseos de los clientes como a la obtención de rentabilidad en las empresas.

3

Targeting y posicionamiento.
En el cerebro del cliente

1. Cómo construir un producto en la mente del cliente:
***target*, posicionamiento y acción**

Cuando en neuromarketing hablamos de *target* hablamos de "foco", esto es, de un mercado "objetivo" hacia el que se dirigirá una propuesta comercial concreta relacionada con un producto o servicio. Cuando hablamos de *targeting* incorporamos el concepto de "acción", es decir, de actividades estratégicas dirigidas hacia potenciales receptores sensibilizados para esta acción.

En este sentido, la acción es todo lo que enriquece el concepto de *target* con una noción de movimiento e involucra no solamente las etapas preliminares de identificación y selección de los segmentos, esto es, de las personas que se definen como clientes potenciales, sino también las posteriores, cuando debemos llevar a cabo un conjunto de actividades cuidadosamente planificadas para lograr el posicionamiento que deseamos para nuestro producto. En síntesis y gráficamente:

Las neurociencias modernas, combinadas con la neuropsicología y la antropología sensorial, han dado como resultado una integración interdisciplinaria de avanzada para la investigación y comprensión de los tres grandes temas que determinan el éxito de un negocio:

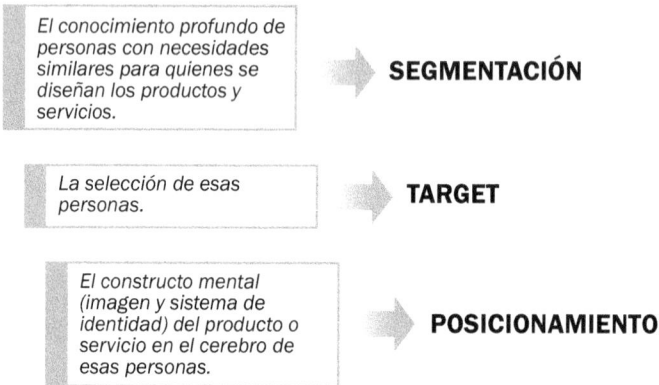

El conocimiento profundo de personas con necesidades similares para quienes se diseñan los productos y servicios.	**SEGMENTACIÓN**
La selección de esas personas.	**TARGET**
El constructo mental (imagen y sistema de identidad) del producto o servicio en el cerebro de esas personas.	**POSICIONAMIENTO**

Por ejemplo, si se detecta que un conjunto de hombres y mujeres con ciertos ingresos y nivel de educación tienen una actitud positiva hacia el turismo alternativo, un operador de viajes puede crear un conjunto de servicios dirigidos a ese segmento.

Después comienzan las acciones destinadas a construir el futuro del negocio teniendo siempre presente que el objetivo del neuromarketing con relación al *target* radica en estudiar en profundidad a los clientes, esto es, tanto en el plano consciente como en el metaconsciente, para aplicar esta información a la creación de productos y servicios.

Tal como veremos al llegar al Capítulo 5, un producto no es simplemente un objeto tangible, sino un constructo mental que se va formando en los diferentes sistemas de memoria de las personas a partir de los estímulos sensoriales que desencadenan tanto los satisfactores incorporados en el producto en sí como la estrategia de comunicación definida para este y, por supuesto, el aprendizaje y la propia experiencia del cliente.

1.1. ¿Qué entendemos por mercado?

En una primera aproximación, se puede considerar que un mercado está compuesto por un conjunto de compradores (la demanda) y un conjunto de vendedores (la oferta). También puede definirse como mercado al conjunto de individuos que son clientes de una empresa (mercado real) y a los que pueden serlo (mercado potencial).

En el marco del neuromarketing:

Un mercado es el conjunto de procesos cerebrales de quienes compran y de quienes venden, cualquiera que sea el punto de encuentro que hayan elegido.

Según el tipo de comprador, y en una primera aproximación (ya que existe un sinnúmero de clasificaciones), hallamos básicamente dos grandes categorías de mercados: los mercados de consumo y los mercados industriales.

El aprendizaje y la experiencia hacen que cada persona tenga una percepción particular sobre la realidad y, por lo tanto, sobre las características y beneficios que recibe de un mismo producto o servicio. Esas diferencias, que siempre se reflejan en las decisiones de compra, son las que el neuromarketing investiga para definir los parámetros de segmentación.

En los *mercados de consumo* los compradores son clientes que difieren entre sí generalmente en muchos aspectos, como edad, cultura, clase social, género, ingresos, ocupación, valores y estilos de vida. Todo ello sumado a sus características neurobiológicas, ya que no existen dos cerebros iguales.

En los *mercados industriales* los compradores son empresas que cuentan con profesionales altamente capacitados que identifican, evalúan y eligen entre diferentes opciones.

Si bien la demanda de bienes y servicios es más homogénea en estos mercados que en los de consumo (lo cual facilita el proceso de segmentación), en los industriales los clientes muestran preferencias diversificadas y un comportamiento cada vez menos predecible.

En ambos casos debemos descubrir cómo piensan los clientes. Ello nos obliga no solamente a aceptar nuevas ideas, sino también a aprovechar las técnicas desarrolladas por el neuromarketing para arribar a resultados más certeros en el desarrollo de productos y servicios acordes con sus expectativas[1].

En este marco, las neurociencias cognitivas nos están abriendo caminos para implementar acciones de *targeting* a partir de parámetros más seguros en comparación con los que se han utilizado hasta el presente. Por ejemplo, siempre supimos que el comportamiento de compra de una mujer no es idéntico al del hombre. Ahora sabemos que hay diferencias estructurales entre los cerebros masculino y femenino que pueden explicar parte del porqué.

Para fundamentar estos conceptos (y llevando al mínimo posible las descripciones anatómicas), le contaremos al lector cuáles son algunas de estas diferencias.

- El núcleo hipotalámico INAH3 del área preóptica media es, en promedio, 2,5 veces más grande en el hombre que en la mujer. Este núcleo es responsable del comportamiento sexual y explica por qué son tan efectivos en el segmento masculino los productos cuya estrategia de posicionamiento incluye simbología erótica, como el desodorante masculino Axe, de Unilever.
- En el caso de tareas mentales complejas, las mujeres tienden a utilizar los dos hemisferios cerebrales, mientras que los hombres

utilizan solo el más adecuado. Este patrón de actividad puede explicar por qué las mujeres tienen una visión más amplia de una situación determinada –por ejemplo, del abanico de posibilidades para satisfacer necesidades relacionadas con productos y servicios– y los hombres una visión más focalizada.

- Como el cuerpo calloso de las mujeres tiene conexiones axonales más largas que el de los hombres[2], el cerebro femenino tiene mayor facilidad para integrar pensamientos que vinculan elementos diferentes entre sí; por ejemplo, las distintas marcas y los beneficios que cada una de ellas ofrece para satisfacer una necesidad determinada.

- Las mujeres tienden a perder tejido en el hipocampo y en las áreas parietales, que están relacionadas con la memoria y las habilidades espaciales. En este sentido, la apelación a precipitantes de recordación dirigidos al público femenino de la tercera edad (como la estimulación de los sentidos del olfato y del gusto en el caso de marcas que han sido posicionadas con aromas y sabores inconfundibles) puede actuar con mucha eficacia (debido también a su acceso directo al sistema límbico).

- El cerebro femenino posee más circuitos para leer las expresiones faciales y comprender matices emocionales, por lo que es de fundamental importancia realizar un *casting* adecuado cuando se trata de publicidad dirigida al público femenino.

De estos ejemplos que hemos presentado se desprende que la información sobre el funcionamiento del cerebro humano, así como sobre algunas de las diferencias que se han detectado con relación al género, representa una oportunidad sin precedentes para segmentar el mercado en forma eficaz y diseñar las acciones de *targeting* adecuadas.

Si bien es sabido que la personalidad, el poder adquisitivo y las construcciones culturales determinan la mayor parte de las decisiones de compra –de hecho, los alimentos que elige un hindú para desayunar son diferentes de los que selecciona un español, por ejemplo–, en la actualidad también se está investigando en qué medida las características cerebrales influyen en las decisiones que tomamos como consumidores.

A su vez, y sin dejar de reconocer las diferencias individuales, creemos que es posible encontrar patrones de segmentación que correlacionen un segmento particular con determinadas características cognitivas. Dichas características irán asociadas a determinados comportamientos típicos en cada segmento y la acción del marketing deberá contemplarlas para actuar sobre ellas.

En síntesis,

....

los avances en el estudio del cerebro tienen un enorme potencial para ayudar a las empresas a encontrar grupos de personas con construcciones mentales similares, y se espera que en un futuro no muy lejano este tipo de investigaciones les permitan anticiparse a los deseos de sus clientes en forma mucho más eficaz con relación a las técnicas que se están empleando actualmente.

....

1.2. Tipos de mercado: ¿qué necesidades satisfacemos?

La segmentación de mercados es, en esencia, un esfuerzo por focalizar la acción de marketing. Esto significa, como ya dijimos, *targeting*. Para poder implementarla, es necesario comenzar por distinguir en el mercado subconjuntos homogéneos de personas con perfiles, capacidad de compra e intereses similares, esto es, encontrar el mercado potencial.

Por ejemplo, un fabricante de chocolates no puede llegar a lo que se conoce en marketing como "mercado total", o sea, vender su producto a todos los consumidores de chocolates (independientemente de su capacidad de producción).

Como no todos eligen las mismas variedades ni tienen el mismo poder adquisitivo, está obligado a realizar una selección en la que elegirá uno o varios grupos hacia quienes dirigirá una oferta diferenciada.

....

El *mercado total* está integrado por el universo de personas con necesidades que pueden ser satisfechas por un producto o servicio determinado.

Cuando los integrantes de este mercado pueden desear el producto o servicio que ofrece una compañía y tienen poder adquisitivo hablamos de *mercado potencial.*

Cuando la empresa selecciona una parte del mercado potencial, esto es, elige un grupo de compradores que define como *target* del producto o servicio que comercializa, hablamos de *mercado meta.*

....

Este procedimiento tiene una importancia estratégica para la empresa, ya que conduce a definir su campo de actividad e identificar los factores clave que ha de controlar para consolidarse en uno o varios mercados teniendo siempre presente, además de las variaciones en las características de la demanda, el carácter sustituible del formato físico del producto.

Para comprender con mayor claridad este último concepto, le proponemos que imagine a un fabricante de discos de vinilo que, años atrás, hubiera pensado que su negocio era vender este producto.

Al acercarnos a la necesidad genérica, nos damos cuenta de que el fabricante estaba equivocado: su negocio no eran los discos de vinilo, sino la venta de un medio para escuchar música.

Como sabemos, el disco de vinilo fue reemplazado por el casete, luego por el disco compacto, luego por el MP3... y ¡hoy bajamos música de internet!

....

Al hablar de satisfacción de necesidades en el mercado potencial ponemos el acento en el carácter sustituible de las diferentes tecnologías que dan lugar a varios productos que cumplen una misma función. Un disco de vinilo, un casete y un disco compacto son diferentes, pero la función que cumplen es la misma si nuestra necesidad es, por ejemplo, escuchar las sinfonías de Ludwig van Beethoven y no somos muy pretenciosos con la calidad del sonido.

Por ello, el principal inconveniente de los **sustitutos** está en el hecho de que el ámbito de la tecnología suele ser muy variado, lo cual puede dar lugar a una multiplicidad de productos que satisfacen la misma necesidad genérica, o bien, a que los nuevos formatos conviertan a los anteriores en piezas para museos o coleccionistas.

....

Este ejemplo nos muestra con claridad que ninguna empresa que pretenda crecer y ocupar una buena posición en el mercado puede darse el lujo de ignorar que existe una evolución continua de tecnologías dirigidas a generar diferentes formas de satisfacer una misma necesidad/deseo. Por lo tanto:

....

Cuando pensamos en el mercado potencial, debemos pensar en la intersección de un conjunto de productos que, a medida que avanza la tecnología, sustituyen a los anteriores satisfaciendo la misma necesidad genérica con un formato físico completamente diferente.

El formato físico está estrechamente relacionado con el concepto de segmentación, debido a que los clientes que tienen la misma necesidad genérica tampoco son homogéneos y sus preferencias en cuanto al formato pueden variar.

A medida que avanza la tecnología y cambian los formatos físicos de los productos, también cambian los clientes. Esto significa que el efecto de un cambio no es neutro en los mecanismos cerebrales de percepción.

Como las decisiones de los consumidores están influenciadas por las nuevas experiencias, los mercados potenciales son, esencialmente, dinámicos.

Recapitulando y enriqueciendo los conceptos que hemos abordado:

* Se consideran clientes potenciales todas las personas que necesitan satisfacer la misma necesidad y tienen poder adquisitivo para comprar el producto que ofrece la compañía. Este concepto se comprende mejor si pensamos, por ejemplo, en que millones de consumidores quisiéramos tener un Ferrari, pero no todos podemos hacerlo.
* Ninguna de las empresas participantes en un mercado puede, por sí misma, satisfacer a todos los clientes potenciales.
* Al segmentar el mercado deberán tener en cuenta, en primer lugar, cuál es la necesidad genérica que el producto satisface y, en segundo lugar, cuáles son los beneficios que el cliente percibe como importantes para él, no solo en cuanto a la funcionalidad y a la forma del producto, sino también con relación a sus necesidades de orden superior.
* Al utilizar el enfoque de *producto-mercado* (satisfactor-necesidad) como un concepto simbiótico, observamos que este es la base de todas las decisiones de planeación de marketing de una organización, sea esta pequeña, mediana o grande.

En todos los casos, la descripción de los distintos criterios con que se pueden detectar en el mercado los conjuntos o segmentos que en él existen debe ser complementada con la evaluación del atractivo u oportunidad económica que estos representan y su perdurabilidad en el tiempo.

1.3. Mercado meta: ¿a quién le vendemos?

Tal como vimos, casi ninguna empresa puede abarcar a todos los clientes que detecta en un mercado potencial; por ello deberá segmentarlo. Esto significa elegir a qué grupo con preferencias similares dirigirá su oferta, esto es, seleccionar la porción del mercado que considera relevante para su negocio.

El mercado meta es la parte del mercado potencial que la empresa selecciona para un negocio determinado. En los mercados de consumo, el mercado meta es el conjunto de personas que el neuromarketing selecciona, investiga y analiza para diseñar una oferta acorde con sus expectativas.

La mayor utilidad de la segmentación radica en que permite llevar a cabo programas de neuromarketing ventajosos. Para ello, es necesario focalizar la atención tratando de detectar los aspectos diferenciales buscados por los clientes.

En este sentido, uno de los grandes desafíos del neuromarketing con respecto a la segmentación pasa por encontrar las claves que permitan hallar todo lo que se activa en el cerebro de las personas con relación a los productos y servicios para diseñar un conjunto de estrategias dirigidas a proporcionar los beneficios esperados.

Las investigaciones actuales, centradas en indagar cómo el cerebro procesa la información y cómo se registran sensorialmente los atributos de un producto (el aroma, el sabor, la belleza y practicidad del diseño, por ejemplo) son de vital importancia para una segmentación efectiva.

2. *Targeting* en "acción": ¿cómo se hace?

Toda acción de *targeting* debe poner el foco en indagar las percepciones de los clientes, así como también en sus particularidades, ya que estas configuran diferentes visiones de un mismo producto o servicio. Ahora bien, ¿cuál es el punto de partida?

- **En primer lugar,** debemos analizar el mercado potencial. Por ejemplo, un fabricante de cerveza negra deberá detectar quiénes y cuántos son los posibles consumidores de su producto, esto es, las personas a las que les gusta esta bebida y están en condiciones de comprarla.
- **En segundo lugar,** debemos seleccionar el *target*, es decir, *el foco: uno o más segmentos* dentro del mercado potencial hacia quienes se dirigirá la oferta. En el citado ejemplo, la edad y el nivel socioeconómico pueden variar en forma notable.
- **En tercer lugar,** se debe elaborar una estrategia de *posicionamiento* que permita comunicar qué es lo que hace diferente al producto propio con relación a sus competidores. Cabe destacar que en esta instancia estamos hablando de posicionamiento "deseado", ya que el verdadero posicionamiento no está determinado por la empresa, sino por los integrantes de su mercado meta.

Para seleccionar con éxito el *target* es imprescindible obtener información confiable sobre sus integrantes y ello implica estudiar las percepciones, necesidades y comportamiento de una muestra representativa. ¿Cómo hacerlo?

Tal como veremos en el capítulo siguiente, es necesario comenzar por cambiar la metodología de investigación debido a que las herramientas tradicionales, como las encuestas o los *focus groups,* proporcionan información incompleta debido a sus dificultades para hallar los motivos metaconscientes que determinan las preferencias de los clientes (precisamente, los más importantes).

Afortunadamente, los avances producidos en las neurociencias han beneficiado enormemente a los procesos de segmentación, ya que han surgido nuevas metodologías que, en forma complementaria con algunas herramientas procedentes de la neuropsicología, permiten indagar y encontrar explicaciones más profundas sobre este fenómeno.

Las preferencias comportamentales están representadas en el cerebro. Las investigaciones sugieren quo los mensajes culturales pueden influir en los procesos de toma de decisiones relacionados con lo que se come y se bebe.

Consecuentemente, la atracción o rechazo de estímulos e imágenes culturalmente relevantes y sus memorias asociadas contribuye a la construcción de preferencias.

Veamos un ejemplo que puede aportar mayor claridad conceptual, relacionado con el negocio de la alimentación.

Cómo leer en el cerebro las preferencias de los clientes

En las sociedades modernas, las preferencias que inciden en la elección de distintas comidas o bebidas tienen su origen en una modulación de variables sensoriales, estados hedónicos (de placer), expectativas, motivaciones, *priming* semántico[3], y se hallan influidas también por las construcciones que emergen del contexto cultural.

Mediante pruebas experimentales, se comprobó que estas preferencias pueden detectarse mediante la lectura de las ondas cerebrales de individuos expuestos a los mismos estímulos y también mediante neuroimágenes.

Dado que las preferencias son las que desencadenan la demanda de determinados productos y servicios y el rechazo de otros, este tipo de experimentos no debería soslayarse en el proceso de segmentación de mercados, especialmente cuando la inversión que demanda el lanzamiento de un nuevo producto es muy importante.

Cabe destacar, como dijimos al principio, que en la implementación de las estrategias de *targeting* la acción se dirige no solamente a las etapas preliminares de identificación y selección de los segmentos, sino también a todo el proceso de generación y creación de relaciones con los clientes. Veamos otro ejemplo, relacionado con la etapa tres de este trabajo (posicionamiento).

Activación de regiones cerebrales. Cómo descubrir el verdadero posicionamiento

Varios experimentos realizados para analizar el posicionamiento de marcas exitosas han revelado que existe un patrón emocional consistente en el cerebro de los clientes, y que este patrón se manifiesta mediante mucha actividad en las regiones relacionadas con las emociones, la motivación y la consecución de beneficios simbólicos.

Utilizando imágenes de resonancia magnética y otros métodos de medición, el neuromarketing ha llegado a dos conclusiones principales con respecto al tema que estamos abordando.

La primera indica que algunas marcas (entre ellas, Ferrari) activan regiones subcorticales del cerebro (relacionadas con la consecución de beneficios); la segunda, que producen la liberación de dopamina, un neurotransmisor que genera una sensación de intenso bienestar.

En este tipo de productos, la activación simultánea de las zonas relacionadas con las emociones y con aquellas que producen beneficios no es casual. De hecho, hay un segmento muy interesante del mercado que compra por motivos hedonistas que ponen en marcha los sistemas cerebrales asociados con el impulso de conseguir beneficios no económicos, como la conquista y el placer sexual.

....

Activación de patrones neuronales.

El caso de productos que simbólicamente se asocian

con el estatus

....

Durante varios experimentos, se observó que la asociación de determinados productos con el estatus activa patrones neuronales relacionados con la memoria episódica y la noción de belleza[4].

También se ha observado que el dinamismo de los vínculos, tanto entre personas como entre personas y objetos (como las marcas), produce también cambios a nivel cerebral.

Conclusión: cuando existen sentimientos entre las personas y las marcas, se activan varios sistemas neuronales que convergen en una zona denominada núcleo caudado, creando una especie de mapa donde se integran los diferentes estímulos emocionales que configuran una imagen cerebral de estos vínculos.

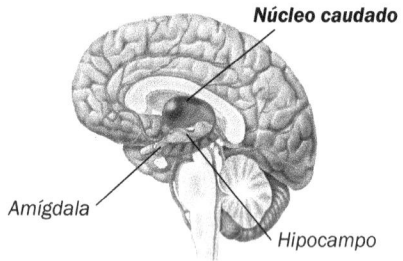

....

El núcleo caudado está relacionado con el sistema de recompensas, el placer y el apego, por lo tanto, cuando los investigadores estudian un segmento y detectan que se activa esa zona, pueden inferir con muy poco margen de error que existe predisposición a la compra.

En síntesis: cuanto más conozcamos sobre el funcionamiento de nuestro cerebro, podremos utilizarlo mejor. Trasladando este concepto al ámbito del neuromarketing podemos afirmar lo mismo: cuanto más sepamos sobre los mecanismos cerebrales de los clientes, mejor preparados estaremos para segmentar y diseñar un producto o servicio que se convierta en un negocio de éxito.

2.1. Estrategias para detectar un segmento o área estratégica de negocios

Un segmento estratégico debe contar con límites en el tamaño y amplitud de los productos y marcas que lo integran, para lo cual es necesario analizar qué empresas compiten en la misma arena y cuáles son las que en el futuro pueden hacerlo, incluyendo el Estado (en países donde existen economías mixtas).

También deben considerarse potenciales competidores las industrias que puedan elaborar productos que en un futuro participen en el mismo segmento. De hecho, definir con claridad en qué negocio se está permite una mejor comprensión de los clientes actuales y futuros, y sobre todo, de los competidores actuales y potenciales.

Por ejemplo, si usted fuera el gerente de marketing de un banco, ¿podría incluir a General Electric entre sus competidores? Si tuviera una parcial comprensión de su negocio, probablemente no. Ahora, si se acercara a la necesidad que satisface uno de los servicios bancarios, la financiación, se daría cuenta de que muchas otras empresas, y no necesariamente intermediarios financieros, pueden transformarse en competidores potenciales.

Como vemos, cuanto más amplio es el análisis, más valiosos son los datos que se obtienen para el desarrollo de estrategias empresariales, siempre que la información sea utilizada en forma eficaz, esto es, cuando la organización cuente con un estilo innovador y, a su vez, lo suficientemente flexible como para generar los cambios que hacen falta para tomar el rumbo que el mercado, la competencia y el desarrollo tecnológico indican.

2.2. De la segmentación tradicional a la neurosegmentación

Segmentar el mercado implica dividir un conjunto en una serie de subconjuntos o grupos internamente homogéneos. Sin embargo, el mercado ya está segmentado antes de nuestra intervención, por ello, la tarea del neuromarketing consiste en descubrir, reconocer e interpretar lo más acertadamente posible esas diferencias. ¿Cómo hacerlo?

En primer lugar, hay que recordar que lo que cada individuo percibe como realidad es lo que su propio cerebro construye como realidad y que este proceso, por lo general metaconsciente, involucra conexiones con significados tan arraigados en los sistemas de memoria que, desde lo profundo del pensamiento, dirigen su comportamiento como consumidor.

Ello exige que, sin soslayar los datos clave que proporcionan los métodos convencionales (que en este capítulo describiremos brevemente), se imponga la necesidad de utilizar herramientas de avanzada para llevar adelante una segmentación eficaz.

2.2.1. Métodos convencionales

Los métodos convencionales son necesarios durante una primera aproximación en el estudio del mercado meta. Por ejemplo, en todos los casos es necesario ubicar a los clientes potenciales en función de variables como la edad, el sexo o el poder adquisitivo. Para simplificar el análisis, exponemos los principales en forma gráfica e invitamos al lector a ampliar estos conceptos en la bibliografía que sugerimos[5].

....

Métodos convencionales de segmentación de mercados

....

- **Segmentación demográfica**. Agrupa a los clientes por edad, sexo, nivel de ingresos, religión, ocupación, raza, nacionalidad.
- **Segmentación geográfica**. Divide el mercado en unidades geográficas, como ciudades, países, provincias o regiones.

También se segmenta geográficamente cuando se eligen minizonas dentro de una misma ciudad.

- **Segmentación simbólica.** Se basa en criterios subjetivos. Estudia la relación que existe entre el producto o servicio y el conjunto de significados que el cliente le atribuye en su mundo emocional.
- **Segmentación psicográfica.** Los clientes se agrupan en función de su estilo de vida, personalidad, actitudes, intereses y opiniones.
- **Segmentación por producto-beneficio.** Estudia la percepción del cliente sobre los beneficios que recibe de un producto o servicio, tanto en el orden físico como en el simbólico.
- **Segmentación socioeconómica.** Combina una serie de variables, como el ingreso, la ocupación y el nivel de estudios. En algunos países estas variables suelen integrarse para determinar la clase social.
- *Geoclustering.* Combina múltiples variables para identificar segmentos cada vez más pequeños, en otros términos, para poder hacer marketing de nichos.

En cuanto a la *segmentación geográfica*, las variables que pueden utilizarse tienen que ver, fundamentalmente, con la ubicación de la población y la accesibilidad de la empresa a ella. Asimismo, las diferencias en cuanto al clima, territorio, etnia y cultura de los habitantes de una región pueden dar como resultado pautas de consumo marcadamente distintas (aun cuando estos vivan dentro de un mismo país), lo cual obliga a las empresas a elaborar diferentes versiones de un producto.

A su vez, y tal como vimos al principio de este capítulo, *la distinción por género es fundamental*. Si bien no es nuevo que muchos productos, como los perfumes, los cigarrillos, las revistas y hasta los vinos, se dirigen en forma diferenciada a los segmentos masculino y femenino, hay muchos que los tienen a ambos por *target,* por lo tanto, es necesario estudiar cómo estas diferencias se reflejan en sus percepciones y en la conducta frente al consumo.

Por ejemplo, las investigaciones realizadas en el ámbito de la neuroeconomía han revelado que el cerebro de los hombres se cierra cuando ya tomaron una decisión de compra, mientras que el de las mujeres permanece activo en algunas regiones. Esto es sumamente importante al definir estrategias de segmentación, ya que el hecho de que "ellas" puedan cambiar de opinión genera un espacio natural para las empresas que tengan capacidad para influir en este segmento tan proclive a consumir mucho más de lo que necesita.

En cuanto a la *segmentación simbólica*, tanto la neuroeconomía como el neuromarketing han demostrado con varios experimentos que el cerebro emocional está mucho más implicado que el racional en la toma de decisiones, y esto tiene su correlato en todo lo que un producto o servicio representa en el universo simbólico de los clientes potenciales.

....

El objetivo del neuromarketing con respecto a la segmentación simbólica es determinar cómo es el "objeto ideal" (producto-servicio) para que un cliente logre verse reflejado en él, alcanzando de este modo su ideal de sujeto social.

....

Como hay productos que simbolizan mejor que otros una ideología o la necesidad de pertenecer a un grupo social determinado, esta segmentación está estrechamente relacionada con la *psicográfica,* ya que las variables que analiza estudian también el tipo de personalidad, valores y estilo de vida que determinan las actitudes de un grupo de individuos frente al consumo.

Por último, la *segmentación por producto-beneficio* focaliza en lo que el cliente percibe que obtiene. Por ejemplo, hay objetos que compramos porque nos proporcionan placer, otros porque nos ayudan a resolver problemas, otros porque hacen sentir a los hombres más masculinos o a las mujeres más femeninas, etcétera.

....

Con el objetivo de suministrar mayores beneficios a los clientes, el neuromarketing sensorial investiga el impacto que los productos generan en los cinco sentidos.

Revlon (en cosméticos) y Kraft (en alimentos) son algunas de las empresas pioneras en analizar la relación que existe entre los aromas y el resto de los estímulos que proceden tanto de sus envases como de sus contenidos.

....

Esto señala la pertinencia de contar con técnicas que permitan investigar las preferencias de cada segmento para concebir nuevos productos y, a su vez, para agregar valor a los que se están comercializando. Sin duda, el conocimiento profundo sobre los beneficios que los clientes esperan siempre llevará a una empresa a buen puerto.

2.2.2. Métodos de avanzada: segmentación neurobiológica

Este enfoque intenta encontrar grupos homogéneos en el mercado sobre la base de procesos neurobiológicos diferenciales[6], combinando estos aspectos objetivos con otros de carácter subjetivo.

....

La *neurobiología del desarrollo* es una disciplina que analiza las particularidades que adquiere el organismo de un ser vivo en las distintas edades.

Estos conocimientos, sumados a la indagación de las características cognitivas y perceptuales de quienes integran un segmento de interés, configuran un criterio novedoso y muy interesante para descubrir en el mercado grupos homogéneos en cuanto a sus necesidades y deseos.

....

Por ejemplo, un fabricante de lácteos que quiera vender a niños, adolescentes y adultos podrá hacerlo mejor si investiga previamente las particularidades que adquiere el organismo en cada franja etaria dentro de cada uno de esos segmentos y, posteriormente, relaciona estas variables con otras, como las que investigan la segmentación simbólica y la psicográfica.

Veamos los resultados de algunas investigaciones para comprender cómo los avances de la neurobiología pueden aplicarse para un conocimiento más profundo del mercado meta:

Experimentos científicos aplicables a la segmentación de mercados

- Durante un experimento realizado por investigadores del U.S. Nat. Institute on Alcohol Abuse and Alcoholism, se escanearon los cerebros de doce adolescentes y doce adultos durante juegos en los que se medían elecciones arriesgadas. Aunque el comportamiento observado en cuanto a riesgo y recompensa fue el mismo en los dos grupos, en el cerebro de los adolescentes la zona motivacional mostró menor actividad. Esto podría deberse a que los circuitos cerebrales relacionados con los procesos de motivación y recompensa estarían menos comprometidos en el cerebro adolescente[7].

- Otros estudios han revelado que los adolescentes poseen una capacidad de atención reducida con respecto a los adultos. La explicación científica de este fenómeno radica en que la actividad nerviosa en su cerebro es tan intensa que se vuelve difícil procesar información básica.

- Se ha observado que la pubertad está marcada por incrementos repentinos en la conectividad neuronal de algunas partes del cerebro. En particular, hay mucha actividad en la corteza prefrontal, que está asociada a la toma de decisiones, el razonamiento y la planificación. Según opinan los científicos, esto podría desempeñar un rol importante en la evaluación de las relaciones sociales, así como en el planeamiento y control del comportamiento[8].

De los tres casos que hemos seleccionado se desprende que los estudios neurocientíficos suministran información valiosa no solo para mejorar el proceso de segmentación, sino también para el diseño de los mensajes dirigidos a cada grupo, tanto los incorporados en los productos y servicios como los que integran las diferentes estrategias de comunicaciones. Dado que citar las investigaciones que se han realizado con personas de diferentes edades excede el marco de esta obra, y de hecho podría escribirse un libro completo sobre el tema, lo que deseamos puntualizar con estos ejemplos es que el neuromarketing puede detectar diferencias que determinan la actitud de las personas frente a la compra y consumo de productos y servicios que no son observables con las técnicas tradicionales.

Por lo tanto, los avances de la neurobiología del desarrollo constituyen uno de los aportes más interesantes y, a su vez, de enorme potencial de aplicación a los procesos de segmentación de mercados.

2.2.3. Segmentación neurobiológica según género

No es sorprendente afirmar que el género incide en el proceso de compra. De hecho, ya hemos dicho que una enorme cantidad de productos incluyen versiones distintas para hombres y mujeres, niños y niñas, ancianos y ancianas, etcétera.

Lo novedoso es que este contraste también puede explicarse a partir de diferencias cerebrales. Si bien el comportamiento se halla vinculado a una determinada construcción sociocultural que incide en los patrones de conducta de cada género, tal como anticipamos al inicio de este capítulo, también está influido biológicamente.

Un tema que investiga el neuromarketing es cuánto influye el funcionamiento cerebral de los individuos en su diferenciación por género, qué aspectos de su comportamiento son innatos y cuáles son construidos socialmente.

Por ello, la segmentación por géneros será más efectiva a medida que aumenten nuestros conocimientos sobre las características de la arquitectura cerebral de ambos sexos, debido a que éstas influyen en la forma de percibir y procesar la información y se reflejan en la conducta de compra y consumo.

Vemos entonces que, si bien hemos definido dos formas novedosas de segmentación neurobiológica, estas no son excluyentes. Desde el punto de vista de marketing, una partición del mercado sobre la base de uno de los géneros abarcándolo en forma completa, por ejemplo, mujeres, no sería efectiva, ya que las variables deben considerar siempre, y en forma simultánea, no solo la franja etaria, sino también las características cognitivas y perceptuales a partir de los conocimientos que suministran las neurociencias.

2.3. Posicionamiento

Posicionamiento ha sido definido tradicionalmente, y de manera sencilla, como el lugar que ocupa un producto en la mente de los clientes, tanto los actuales como los potenciales. Este término, y también el concepto, fue acuñado por los publicistas americanos Al Ries y Jack Trout, quienes definen el posicionamiento como un ejercicio creativo que se realiza con un producto, un servicio, una empresa, un país, una institución, una persona, incluso una idea, para lograr diferenciarlo en la mente del cliente.

Esta definición, ampliamente difundida en la literatura sobre marketing tradicional, es acertada en lo que se refiere al *posicionamiento deseado*, esto es, a todo lo que una empresa puede hacer para que su producto sea percibido de una manera determinada, pero no lo es con relación a lo que verdaderamente significa posicionamiento, ya que *la construcción cerebral de un producto o servicio nunca es un trabajo unilateral*.

Por ejemplo, el grupo Osborne apuntó desde sus inicios a posicionar el jamón ibérico Cinco Jotas (5J) como el mejor de España a partir de un conjunto de atributos, y sus anuncios, que informan sobre la alimentación y vida natural de los cerdos que utilizan para elaborarlo, están diseñados para reforzar esta estrategia.

....

El jamón 5J (para muchos, el mejor jamón del mundo) se promociona como "un jamón ibérico puro de bellota, fruto de la pureza de raza de sus cerdos, de su crianza en dehesa y de la esmerada elaboración y selección de expertos maestros jamoneros de Sánchez Romero Carvajal".

....

Sin embargo, este posicionamiento no existe solo por iniciativa de la empresa. Existe porque así lo han definido los consumidores. En otros términos: porque 5J es un constructo mental que se ha formado en el cerebro de estos como resultado de sus propios procesos de percepción (en los que tiene un rol muy importante la información archivada en los sistemas de memoria).

Esto significa, en el marco del neuromarketing, que el posicionamiento no depende exclusivamente de lo que la empresa comunique a través de los diferentes medios y tampoco de "aquello tangible" que sale como *output* de su sistema de producción.

....

El posicionamiento no depende del diseño de un producto y de la estrategia de marketing que este tiene incorporada (marca, *packaging,* precio, canales, comunicaciones), sino de la acción de los sistemas perceptuales del cliente, de la información almacenada en su memoria y de su propia experiencia como consumidor.

....

Un producto solo existe en el cerebro del cliente, y con determinadas particularidades, cuando este puede integrar lo almacenado en sus sistemas de memoria con su propia experiencia de consumo para darle forma. Por eso, y a diferencia de lo que sostiene la definición clásica, nosotros afirmamos lo siguiente:

Posicionamiento es la mente en el producto, y no el producto en la mente.

Esto significa que por un lado está la empresa, que trabaja en pos del posicionamiento deseado, y por otro está el cliente, que tiene la mente en 5J (continuando con el ejemplo) cada vez que piensa en comprar el jamón que más le gusta. Como vemos:

Es el cliente, y no la empresa, quien completa y define el verdadero posicionamiento.

4

Inteligencia de negocios. Cómo indagar la mente del mercado

1. De la investigación tradicional a la neuroinvestigación

Hacer inteligencia de negocios consiste, fundamentalmente, en obtener información confiable para el desarrollo de productos y servicios de éxito, y ello implica, en primer lugar, indagar y comprender qué y cómo piensan los clientes.

Como podrá imaginar el lector, no se trata de una tarea sencilla, y por esa razón desde el nacimiento del marketing comenzó el desarrollo de un conjunto de técnicas que han ido evolucionando a medida que avanzaban los conocimientos en otras disciplinas, como la psicología, la sociología y la estadística aplicada a la investigación de mercados.

En la actualidad, y como resultado de los avances producidos en la "década del cerebro", se ha abierto un enorme campo de posibilidades, ya que los nuevos diseños de investigación, basados en métodos neurocientíficos, están demostrando un enorme potencial para obtener conocimientos más profundos sobre el comportamiento de las personas ante el consumo de productos y servicios.

Este capítulo lo centraremos en esta notable innovación, ya que las técnicas que se están desarrollando son, a nuestro criterio, las más idóneas para explorar el pensamiento del cliente y detectar impulsores de su conducta con un grado notable de confiabilidad.

1.1. El porqué de la necesidad de un cambio de enfoque

La historia del marketing registra numerosos casos en que los participantes de una muestra representativa afirmaron que les gustaba un producto y lo adquirirían cuando fuera lanzado al mercado, pero luego no lo hicieron.

....

Tanto las encuestas como las conversaciones guiadas durante la investigación motivacional obtienen información basada en la reflexión consciente.

Sin embargo, la mayor parte de nuestros pensamientos, nuestras emociones e incluso nuestras decisiones se originan en un proceso cerebral que tiene lugar por debajo del umbral de conciencia.

....

¿Por qué se producía esta distorsión entre la conducta que anunciaban los clientes potenciales y la realidad? ¿Por qué había una brecha importante entre la intención de compra y la acción de compra?

Estamos convencidos de que la respuesta a esta pregunta reside en algunos de los denominados "errores no muestrales" y, fundamentalmente, en las dificultades de las técnicas tradicionales, como los *focus groups*, la observación, los experimentos y las encuestas, para ayudar a pronosticar tanto el comportamiento de las personas frente al consumo como su receptividad a determinadas piezas publicitarias. Por lo tanto, y sintetizando lo que decíamos al principio:

La clave de la inteligencia de negocios no está en analizar lo que dicen los clientes, sino en indagar las causas que subyacen en su conducta mediante el estudio de los mecanismos cerebrales que se activan cuando son expuestos a determinados estímulos.

Esto que acabamos de afirmar es sumamente importante ya que, aun cuando se apliquen métodos científicos, como la inferencia estadística, el riesgo de respuestas sesgadas involuntariamente en las encuestas es alto, debido a que *el 95 % de la cognición se produce por debajo del nivel de conciencia.*

Más aun, la mayoría de los datos de que disponemos, procedentes del mundo exterior y de nuestro cuerpo, nunca entran en la conciencia.

Ello explica (en parte) por qué fracasan las metodologías tradicionales: prácticamente ninguna de sus técnicas tiene capacidad para lograr que emerjan los pensamientos profundos durante las entrevistas.

El instituto Siegfried Vögele y la Universidad de Bonn han realizado varios estudios sobre los estímulos que percibimos por debajo del umbral de conciencia, analizando cuáles son más eficaces y cómo se pueden aplicar en comunicaciones publicitarias.

Uno de los experimentos estudió el efecto neuronal que provoca la observación de un catálogo de ventas general, en contraste con el que genera un catálogo de ventas especializado. También se ha investigado el efecto de estímulos visuales y auditivos, así como el efecto de los símbolos de rebajas en el marketing directo.

Afortunadamente, y tal como se observa en el caso de la Universidad de Bonn[1], día a día se conocen los resultados de investigaciones implementadas con técnicas neurocientíficas que corroboran lo que siempre hemos afirmado: detrás de las aparentes "racionalizaciones" que hacemos como consumidores se esconden verdades a las que no tenemos acceso consciente. Esto explica por qué muchas veces creemos que estamos expresando lo que sentimos o pensamos cuando en realidad no es así.

Por lo tanto, y sin duda alguna:

....

En el campo de acción del neuromarketing, la información relevante sobre el comportamiento del cliente es la que se obtiene a partir de la indagación e interpretación de sus procesos mentales.

....

En función de esta premisa, abordaremos los conceptos relacionados con la obtención, análisis y evaluación de información inteligente para la toma de decisiones con un sentido ameno y práctico, mencionando brevemente las técnicas tradicionales de investigación debido a que continúan utilizándose, pero haciendo hincapié en las que surgen de desarrollos de otras disciplinas, fundamentalmente de las neurociencias.

1.2. Nuevos paradigmas basados en el desarrollo de las neurociencias

Con la incorporación de los avances producidos en las neurociencias a la investigación de negocios han surgido nuevas metodologías que, en forma complementaria con algunas de las técnicas desarrolladas por los psicólogos cognitivos, permiten indagar y encontrar explicaciones más profundas sobre las percepciones y conducta de compra del consumidor.

Este es el motivo por el cual hemos decidido denominar *inteligencia de negocios* a un tema que en la mayor parte de la bibliografía se conoce como *investigación de mercados*. Es cierto que la palabra "investigación" remite a una idea de tipo científico, y también que los procedimientos científicos son los únicos capaces de avalar la validez y confiabilidad de la información; sin embargo:

> Lo importante –por eso utilizamos el término "inteligencia"– es contar con la *capacidad* necesaria para transformar *la información obtenida en conocimiento nuevo, capaz de generar soluciones diferentes,* porque los negocios de hoy necesitan un flujo continuo de información "anticipatoria" y no una especie de "instantánea" sobre una situación de mercado que en pocos días puede cambiar.

Si bien toda investigación se nutre de datos existentes –denominados "secundarios"–, la información más valiosa es la que se obtiene directamente del entrevistado –datos primarios–.

Esto significa que la mejor fuente para predecir el futuro de un negocio es siempre el cliente y explica por qué muchas empresas, como Disney, Kraft, McNeil Consumer, Coca-Cola, John Deere y Nestlé, están recurriendo a metodologías neurocientíficas de investigación para analizar las categorías de pensamiento y acción que subyacen en el comportamiento de los individuos que integran su mercado objetivo.

Ya no hay duda de que las asociaciones que hacemos como consumidores, al igual que la mayor parte de nuestros procesos mentales, se verifican en el plano metaconsciente. Ello nos obliga a implementar nuevas técnicas para investigar las verdaderas razones que determinan el comportamiento de compra.

En este sentido, uno de los mejores ejemplos que hemos hallado para ilustrar estos conceptos y, al mismo tiempo, introducir al lector en la moderna metodología de investigación[2], es un experimento

realizado con un tomógrafo computado (sopesado luego con las respuestas a un cuestionario de 14 páginas), conocido como "experimento de Caltech"[3].

Neuroinvestigaciones relacionadas con productos.

El experimento de Caltech

Durante el experimento de Caltech (Instituto de Tecnología de California, Estados Unidos), los investigadores registraron lo que pa-
saba en el cerebro de los participantes después de proyectar un
conjunto de imágenes de productos (con sus respectivas marcas),
fotografías de celebridades –entre ellas, Uma Thurman, Al Pacino
y Barbra Streisand–, y de diseñadores importantes en el mundo
de la moda.

La información fue sopesada posteriormente con las respuestas
de los voluntarios a un cuestionario de 14 páginas. Al analizar los
resultados, se descubrió que los productos que estos asociaban
con modelos distintivos de cerebro les permitían clasificarlos en
amplias categorías psicológicas.

> "En un primer paso, parecería no haber nada en común entre ga-
> fas de sol geniales, lavaplatos geniales y gente genial, pero hay
> algo que los cerebros de estos participantes están reconocien-
> do: una dimensión común."
>
> ANETTE ASP

En un extremo estaban las personas cuyos cerebros respondían
intensamente a productos y celebridades denominadas "geniales"
con estallidos de actividad en el área 10 de Brodmann, pero que
no reaccionaban ante las denominadas "no geniales". Los científicos dieron a estas personas el nombre de "locos geniales", probablemente por ser impulsivos o compradores compulsivos.

En el otro extremo estaban aquellos cuyo cerebro reaccionaba solamente ante los productos sin estilo.

Áreas de Brodmann

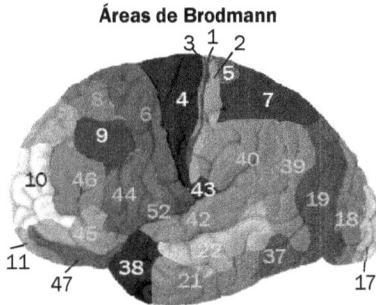

En opinión de los investigadores, este grupo conforma un modelo que encaja con individuos que tienden a la ansiedad, son aprensivos o neuróticos. Lo relevante, en el marco de análisis del neuromarketing, es que *en el caso de los denominados locos geniales se observó que las imágenes de las celebridades activaban circuitos que también se encendían ante la visión de algunos productos.* Esta activación se manifestó mediante un espasmo de sinapsis en una parte de la corteza llamada área de Brodmann 10^4, que está asociada a un sentido de identidad e imagen social.

Tal como puede observarse, estas investigaciones proporcionan claves de gran importancia para comprender cómo funciona la mente de las personas con relación a determinados productos.

Por ejemplo, en el cerebro de uno de los voluntarios del experimento de Caltech la imagen de un producto considerado deseable provocaba un aumento involuntario de sinapsis en una zona del cerebelo que activaba el movimiento de una mano.

El entramado neuronal vinculado con productos y servicios es resultado de senderos forjados por el aprendizaje y la experiencia del consumidor.

Al igual que en los demás ámbitos de la vida, este hecho refleja que no es posible separar la anatomía cerebral de la influencia de los estímulos que recibimos del medio ambiente.

En términos de uno de los investigadores, "sin que la mente de este participante sea consciente de ello, su cerebro ha comenzado a elegir ese producto".

Sin duda, al observar la actividad cerebral mediante escáneres es posible aprender mucho más sobre la toma de decisiones vinculadas con el consumo, y, tal como veremos a lo largo de este capítulo, ha sido demostrado por la neurociencia que mucho de lo que creemos racional está, en realidad, condicionado por redes de neuronas que son más proclives a responder a los mecanismos emocionales que a la pura "utilidad".

2. Métodos de avanzada. Características y aplicaciones

Durante los últimos años surgieron nuevas alternativas en metodología de investigación que, en forma multidisciplinaria, permiten estudiar con mayor profundidad los aspectos clave vinculados con la gestión de neuromarketing, entre ellos, la conducta de compra, el diseño de productos y servicios, la fijación de precios, la generación de mensajes publicitarios, la estrategia de medios y el diseño de los canales de comercialización adecuados para cada segmento del mercado.

....

Los equipos modernos permiten observar las reacciones de las personas en el momento en que se producen; por ejemplo, cuáles son las regiones cerebrales que se activan cuando saborean un producto u observan un anuncio.

....

2.1. Técnicas de exploración cerebral

En términos generales, la investigación neurocientífica puede dividirse en dos tipos: clínica y experimental. La investigación clínica está a cargo de especialistas en el sistema nervioso humano, entre ellos, neurólogos, psiquiatras y neurocirujanos.

La investigación experimental es tan amplia que abarca todas las metodologías posibles: distintos tipos de tomografía computada, electroencefalogramas, amplificadores y osciloscopios (para registrar la actividad eléctrica), etcétera. En todos los casos incluye, por lo general, cuatro etapas: 1) observación; 2) reproducción (repetir la experiencia o hacer observaciones similares para descartar la posibilidad de azar); 3) interpretación, y 4) verificación.

Los siguientes son los principales métodos que se utilizan en el momento en que se escribe esta obra:

- **Electroencefalograma:** permite medir la actividad eléctrica del cerebro mediante la colocación de pequeños electrodos que se distribuyen sobre el cuero cabelludo durante la presentación de diversos estímulos de activación neuronal, como los que se desencadenan durante la observación de un anuncio, por ejemplo.
- *Biofeedback*: traduce en el monitor de un ordenador las reacciones fisiológicas que se generan en el organismo como respuesta ante determinados estímulos de marketing[5].

  Esta técnica permite saber qué piensa o siente verdaderamente un cliente –más allá de lo que declare a través de sus palabras– al hacer consciente la relación que existe entre la cognición y la emoción, por ejemplo, entre la actividad cognitiva generada en la corteza cerebral por el logo de una marca y la actividad emocional y fisiológica generada en el cerebro límbico y reptiliano.

....

Los fenómenos bioeléctricos que resultan de la activación fisiológica frente a la presentación de un estímulo, como pueden ser las imágenes de un aviso publicitario o el *jingle* de un anuncio en radio, son captados y amplificados por el *biofeedback* a través de la colocación estratégica de pequeños sensores sobre la piel.

Esta información se hace visible para el investigador a través del monitor de un ordenador.

....

- **Neurofeedback:** brinda información sobre la actividad eléctrica del cerebro. Diversos estudios científicos han logrado describir correlaciones firmes entre la actividad eléctrica evaluada por el *neurofeedback* y estudios funcionales como los que resultan de la aplicación de tomografías computadas.

- **Espectrografía mediante rayos infrarrojos:** esta técnica produce imágenes a partir de la cantidad de energía que consume cada parte del cerebro en un momento determinado. Opera proyectando ondas de luz en la zona baja del espectro (rayos infrarrojos) y mide la cantidad variable que refleja cada área.

El consumo de energía cerebral está relacionado con las actividades que realizamos en forma automática, por ejemplo, con todo lo que hacemos más rápido porque es más cómodo.

Al unir comportamientos simples de módulos cerebrales que ya han sido formados por la experiencia (como comprar todos los días la misma marca de leche para los niños), el cerebro libera recursos de la memoria de trabajo[6] (el cliente no tiene que pensar en buscar otras marcas, ocuparse de leer su capacidad nutritiva, etc. porque le es útil la que ya eligió).

....

El estudio sobre la tendencia de las personas a ahorrar energía cerebral es de gran interés para el neuromarketing porque está relacionado con temas muy importantes, entre ellos, la resistencia al cambio –que hace que el cliente no preste atención a los nuevos productos y servicios o que compre siempre las mismas marcas– y todos los comportamientos automáticos, por ejemplo, aquellos que llevan a una persona a circular por un punto de venta rápidamente, fijando la atención solo en lo que le interesa (con lo cual se afecta la compra por impulso).

....

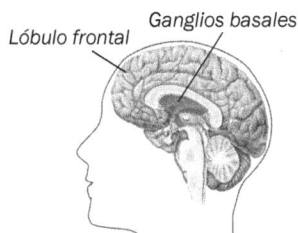

En este comportamiento rutinario están implicados los ganglios basales, relacionados con los hábitos, que nos llevan a actuar sin que medie ningún tipo de pensamiento consciente, esto es, con una especie de automatismo decisional.

- **Resonancias magnéticas:** la más utilizada es la fMRI Mediante neuroimágenes[7], esta técnica permite observar cómo y dónde se activa cada región del cerebro mientras este trabaja.

Actualmente, se está utilizando esta tecnología para investigar los mecanismos mentales que tienen un rol central en el comportamiento del cliente, entre ellos, los relacionados con la percepción sensorial (evaluación de sabores, aromas, sonidos, etc.), los circuitos de recompensa, las emociones y el sentido de uno mismo.

Por ejemplo, qué ocurre mientras un individuo reconoce una cara, escucha un sonido, saborea un producto, observa un anuncio, toca un envase, huele un perfume, etcétera.

fMRI en acción.
Cuando las palabras no coinciden con lo que expresa el cerebro

En 2006, un estudio realizado por Marco Iacoboni[8] reveló la capacidad de las técnicas neurocientíficas para encontrar la "verdad", más allá de lo que dicen los consumidores.

Durante la investigación, se proyectó el conocido anuncio de Fedex en el que un dinosaurio machaca a un hombre. Al observar las imágenes cerebrales, era muy evidente la activación de las regiones que responden a amenazas y estímulos temerosos (amígdala).

Sin embargo, y a nivel consciente, los participantes calificaron el comercial como "divertido". ¿Estaban diciendo la verdad?

....

En nuestra opinión, los integrantes de la muestra manifestaron lo que ellos creían su verdad; por ello, es muy interesante realizar un análisis más profundo que ayude a evitar los estímulos que activan neurocircuitos de conductas aversivas. Si bien Fedex es una marca que tiene un posicionamiento envidiable, una campaña completa con avisos de este tipo podría afectarla negativamente.

....

Las técnicas de fMRI han demostrado que muchas veces la racionalización mediada por el lenguaje y las respuestas a nivel cerebral no coinciden.

....

Otro tipo de resonancia que se utiliza en este tipo de investigaciones es la tomografía óptica difusa (DOT). Como la fMRI exige que las personas que participan de los experimentos permanezcan dentro de un aparato de dimensiones estrechas, se está comenzando a aplicar esta nueva técnica debido a que les permite movilizarse durante la sesión.

Para ello, se utilizan emisores y detectores de láser mediante conectores que se ubican en la zona cerebral que se desea indagar en el participante. Si bien es similar a la fMRI en cuanto a la obtención de imágenes, las mediciones se realizan sobre la base de percepciones visuales.

Esta técnica es muy efectiva en los estudios sobre *packaging*. Normalmente, se pide a los participantes que generen imágenes a partir de los estímulos que están recibiendo, por ejemplo, colores, tipografías, dibujos. Después se observa cuáles son las zonas cerebrales que se activan y se realizan comparaciones entre los resultados obtenidos.

- **Eye-tracking:** este instrumento tiene un campo muy interesante de aplicaciones en todos los ámbitos donde la percepción visual es relevante como fuente de información; por ejemplo, en publicidad gráfica, evaluación física de un producto, *packaging*, señalética (en el caso de servicios), etcétera.

También se aplica en el ámbito minorista, cuando se necesita analizar el comportamiento del consumidor dentro de un punto de venta.

En todos los casos se utilizan anteojos equipados con tecnología avanzada para seguir el movimiento de los ojos, por ejemplo, cuando una persona está frente a una góndola o cuando lee un anuncio en una revista. Esta información es analizada por un software especial que provee información muy valiosa ya que posibilita, además, delimitar las zonas "calientes", es decir, aquellos espacios donde se ubican los productos que tienen potencial para desencadenar la compra por impulso.

Como vemos, estas aplicaciones nos abren el camino para poder investigar, comprender e interpretar más profundamente todos los mecanismos que subyacen en la conducta humana relacionada con el consumo y, más aun, la mayoría de los neurólogos coincide en que, cuando logre explorarse definitivamente el funcionamiento de células aisladas en el cerebro, así como también el flujo de los neurotransmisores y la complejidad de la comunicación entre neuronas, se sabrá todo lo posible sobre la naturaleza humana.

De momento, hay zonas del cerebro sobre las que se sabe mucho y otras acerca de la cuales se conoce muy poco, pero los avances parecen ser espectaculares. Aun cuando se trate de un órgano que, con toda seguridad, es el más complejo que ha concebido la naturaleza, desentrañar sus mecanismos no parece ser una tarea imposible.

2.2. Técnicas de exploración metaconsciente

Retomando lo que ya hemos expresado reiteradamente en esta obra, gran parte de lo que motiva el comportamiento humano se desencadena por debajo del nivel de conciencia *(conscious awareness)*, por lo tanto, no está disponible para ser verbalizado cuando se aplican algunos de los métodos procedentes de la psicología tradicional, como las entrevistas en profundidad o las sesiones de grupo.

Afortunadamente, y ante el problema de que la mayor parte de los sesgos en las respuestas proceden tanto de las dificultades de los participantes para expresar lo que realmente piensan como de la insuficiencia metodológica de las técnicas tradicionales, el neuromarketing ha desarrollado un conjunto de tests tomando como base los avances que se han generado en la neuropsicología.

....

La neuropsicología estudia las relaciones entre el cerebro y la conducta.

Se enfoca preferentemente a las áreas responsables de las funciones cerebrales superiores y ha desarrollado una batería de pruebas innovadoras para medir el funcionamiento cognoscitivo y emocional de los individuos.

....

Los tests más importantes son los que relatamos a continuación.

2.2.1. Entrevistas basadas en la generación de metáforas y analogías

¿Cómo hacer para detectar las necesidades latentes de un cliente? ¿Cómo enterarnos de que es la culpa y no la desconfianza en los ingredientes lo que determina la aversión de las madres hacia los productos enlatados para sus hijos? ¿Cómo comprender que son las dificultades para disfrutar del ocio y no la falta de atractivo de una oferta turística lo que desencadena el rechazo a una propuesta de vacaciones en el Caribe? Uno de los métodos más interesantes para hallar las respuestas a estas preguntas es trabajar con metáforas y analogías. Las analogías consisten básicamente en la creación de una situación a partir de su similitud con otra. Las metáforas apelan a la sustitución del sentido de una situación por otro figurado sobre la base de una comparación creativa. Tanto las metáforas como las analogías ayudan a representar un pensamiento o una idea en términos de otras ideas o pensamientos.

En el marco de la inteligencia de negocios, estas técnicas permiten indagar los sentimientos y creencias subyacentes que impulsan la conducta de consumo mediante la implementación de un conjunto de ejercicios diseñados para tal fin en sesiones individuales. Cada sesión dura aproximadamente dos horas y supone un trabajo previo: una semana antes del encuentro, cada participante debe reunir entre ocho y diez imágenes (dibujos o fotografías) que reflejen sus pensamientos y sentimientos hacia un tema en particular.

....

La aplicación de metáforas y analogías es consistente con la afirmación de que para comprender la conducta de consumo es necesario indagar las motivaciones no conscientes.

En este sentido, la utilización de experiencias sensoriales desencadenadas por metáforas es muy útil para que los participantes puedan expresar lo que verdaderamente sienten y opinan mediante ideas abstractas.

....

Por ejemplo, si el propósito de la investigación es buscar información para diseñar un servicio turístico relacionado con el placer, los investigadores solicitarán a los entrevistados que reúnan fotografías de paisajes, productos, servicios o cualquier otra imagen que pueda representar lo que se les viene a la mente cuando piensan en esa palabra.

De esta manera, llegan a la entrevista con el beneficio de haber reflexionado sobre el tema sin saber con exactitud de qué trata puntualmente la investigación de la que forman parte.

Durante la sesión, se utilizan varias técnicas para sondear los pensamientos que se consideran relevantes para la investigación y cada una de ellas provee una oportunidad diferente para identificar y comprender los motivos que desencadenan la demanda de determinados productos y servicios.

Por ejemplo, una mujer con niños pequeños puede estar preocupada por su descanso durante las vacaciones, pero no lo expresa debido a sentimientos ocultos de culpa. Una imagen de un *resort* que muestre un ámbito especial y divertido para los niños mientras los padres disfrutan podría estimularla para que revele cuáles son las verdaderas necesidades que determinan sus expectativas con respecto a una propuesta turística.

Posteriormente, cada respuesta se analiza para descubrir las dimensiones profundas del pensamiento relacionadas con cada una de las imágenes que ha elegido. En muchos casos, el entrevistador trata de desencadenar metáforas sensoriales, ya que son muy útiles para indagar cuáles son las expectativas que un cliente tiene acerca de un producto o servicio que considera ideal.

2.2.2. Generación e interpretación de imágenes dinámicas

Las zonas cerebrales que se activan cuando las personas piensan en secuencias de tiempo y movimiento no son las mismas que se activan cuando piensan en imágenes estáticas. Por esta razón, se pide al participante que cree él mismo una película o un acto de una obra teatral y exprese cuáles son las ideas que fluyen hacia su mente consciente.

Generalmente, y para evitar que se dispersen hacia temas ajenos a la investigación, el entrevistador suministra una descripción de los personajes que aparecen en la película o en la obra de teatro y deja al entrevistado la tarea creativa de imaginar y describir en qué lugar se sitúan, en qué momento del día y estación, qué es lo que está ocurriendo entre ellos, si visualizan alguna persona más que se agregue a la escena, etcétera.

Esta técnica brinda una perspectiva adicional y permite un mejor entendimiento de los sentimientos y pensamientos de los participantes.

2.2.3. Generación de imágenes digitales

Durante las sesiones, que duran aproximadamente dos horas, cada participante crea un *collage* en formato digital con la asistencia de un programa de diseño por ordenador. Para armarlo, recurre a un *set* de imágenes que son las que trajeron previamente todos los integrantes de la muestra.

En el proceso de montaje siempre surgen nuevas ideas ya que, además de integrar las imágenes que cada uno selecciona, se les permite cambiar el color, el tamaño, la forma, etc., para adecuar el *collage* a sus pensamientos y emociones. Cuando cada participante concluye con su tarea, se le pide que describa la imagen verbalmente.

Si bien la información que se recaba durante estas entrevistas es riquísima en cuanto a contenidos, lo ideal es complementar esta técnica con la de mapas de inteligencia, generando imágenes gráficas que permitan visualizar con mayor claridad cuáles son las ideas compartidas por un grupo relevante de participantes.

2.2.4. Latencia de respuesta

Si bien las técnicas de *neuroimaging* son las más seguras para intentar llegar al mundo interno del cliente, otra forma de aproximarnos a la "verdad" es utilizar técnicas de latencia de respuesta, que consisten en medir el tiempo que los participantes tardan en responder ante ciertos pares de palabras o imágenes entre las que deben elegir.

El procedimiento es similar al de los testspor comparaciones pareadas que se utilizan durante la prueba de concepto de productos, en los que cada entrevistado debe evaluar los atributos por pares e indicar cuál de los dos prefiere, y exige la utilización de ordenadores que registren tanto la respuesta como el tiempo que el entrevistado tarda en pensarla.

Una respuesta rápida nos estaría indicando que no hay contradicción entre lo que el participante piensa y lo que expresa. Si la respuesta es lenta, la probabilidad de contradicción es alta.

Estas diferencias en cuanto a los tiempos ayudan a los investigadores a distinguir entre los pensamientos y sentimientos conscientes y metaconscientes de los integrantes de la muestra, así como también a inferir cuáles son las verdaderas necesidades que subyacen en su conducta.

3. Aplicaciones: ¿cómo se hace?

Todo proceso de inteligencia de negocios supone un conjunto de etapas relacionadas entre sí que sirven como guía para la investigación desde su concepción hasta el análisis y evaluación final de la información obtenida. En todos los casos, lo que se conoce como propósito de la investigación está estrechamente relacionado con las razones que la justifican en función de su necesidad para la toma de decisiones y, por lo tanto, con el problema que la genera.

En este marco, un problema puede ser lanzar un nuevo producto, rediseñar el *packaging,* analizar nuevas alternativas en canales de marketing, definir una campaña publicitaria, reposicionar un producto actual, analizar cuál es el mejor medio de pago, abordar los mercados de otro país, comprender por qué bajaron las ventas, etcétera.

Veamos un ejemplo:

Neuromarketing aplicado.

La influencia del medio de pago en la conducta del cliente

El objetivo de la investigación era predecir la conducta de compra de un grupo de participantes. Como metodología, se utilizó el escáner cerebral. Para comenzar, los investigadores entregaron 20 dólares a cada participante con la siguiente consigna: tenían que elegir si gastar o no ese dinero y, en el segundo caso, en qué gastarlo.

Posteriormente, se les mostraron imágenes de productos con sus respectivos precios, y se observó qué ocurría en el núcleo accumbens (placer y recompensa), la corteza prefrontal (pérdidas y ganancias) y la ínsula (dolor).

Los investigadores observaron que, cuando los sujetos decidían comprar, se activaba la corteza prefrontal; cuando decidían no comprar, se activaba la corteza insular.

Otro de los hallazgos de esta investigación fue descubrir que hay consumidores que deciden en función de lo que experimentan con la compra: el placer inmediato o el dolor inmediato. Se llegó a la conclusión de que los medios de pago que minimizan el displacer o el dolor (en este caso, relacionado con el desembolso de efectivo), como las tarjetas de crédito, parecen mejorar la predisposición a la compra[9].

En los departamentos de marketing, lo que todas las investigaciones tienen en común es la necesidad de información para la toma de decisiones. Por ello, lo fundamental es seleccionar las técnicas adecuadas, de manera tal que la información que se obtenga sea exhaustiva y, al mismo tiempo, eficiente. Esto significa que no se debe correr el riesgo de buscar datos insuficientes, pero tampoco innecesarios.

En este sentido, la decisión sobre el tipo de estudios que se implementarán debe ser reflexiva (aun trabajando "contrarreloj", porque los datos que se recolectan, la metodología para obtenerlos y otros componentes del proceso de investigación son distintos según el caso. Veamos otro ejemplo:

La necesidad de medir con un mayor grado de certeza el impacto emocional de los estímulos de marketing (anuncios emitidos por televisión, publicidad gráfica y páginas de Internet, entre otros) dio lugar a la creación, en Japón, de una técnica similar a la del *eye trucking:* una cámara graba los movimientos del ojo de un integrante de la muestra, registrando también los guiños y otros gestos visuales. Estos datos son luego procesados y analizados con la ayuda de técnicas complementarias para determinar qué tipo de emociones refleja el comportamiento de los ojos[10].

Como vemos, en la práctica muchas investigaciones pueden incluir más de un tipo de estudio; por ejemplo, muchas de las técnicas que hemos mencionado hasta aquí pueden combinarse con las que desarrollaremos a partir del apartado 3.2.

3.1. Centros de investigación en neurociencias aplicadas

Los centros de investigación en neurociencias aplicadas a la vida organizacional y a la inteligencia de negocios están registrando un crecimiento muy interesante en Estados Unidos y en varios países europeos.

En Argentina, el Brain Decision Braidot Centre (BDBC)[11], que se encuentra entre los pioneros a nivel mundial, dirige sus esfuerzos hacia el desarrollo de instrumentos de evaluación en toma de decisiones, estudios de comportamiento, educación, neuroeconomía y neuromarketing, entre otros.

Desde un ámbito creado especialmente para tal fin, se promueve no solo el interés en investigar e incorporar conocimientos procedentes de las neurociencias, sino también el desarrollo de sus aplicaciones en el ámbito empresarial a medida que surgen descubrimientos que permiten mejorar las metodologías que se están utilizando.

Los estudios tradicionales –cualitativos y cuantitativos– dan cuenta de los aspectos observables y/o verbalizables.

Sin embargo... ¿qué ocurre con aquellos que no son observables ni verbalizables?

Solo los procedimientos que apuntan a explorar los mecanismos metaconscientes de los clientes están en condiciones de develar la caja negra.

Este centro ha desarrollado diversos instrumentos para evaluar los deseos y necesidades metaconscientes de los consumidores y los perfiles neurocognitivos de toma de decisiones en niveles gerenciales, a sabiendas de la enorme importancia de los procesos no conscientes implicados en la percepción, memorización y planificación de estrategias de acción.

Estos esfuerzos tienen como fin llenar el vacío de información que se produce al intentar conocer algo microscópico con lupa y se sustentan en el convencimiento de que las herramientas actuales no pecan por ineficaces, sino por insensibles a las mínimas diferencias en las respuestas de las personas objeto de estudio.

3.2. Técnicas avanzadas

En los apartados siguientes se describen las principales metodologías de investigación que se están implementando en el momento en que se escribe esta obra.

3.2.1. Rastreador de indicios metaconscientes (RIM)

Se trata de un procedimiento que apela a metáforas y analogías, y opera con ayuda de recursos técnicos, sensoriales, cognitivos y vivenciales que permiten indagar los elementos motivadores metaconscientes que no afloran espontáneamente.

Lo que se busca es indagar lo que se encuentra en las profundidades de la mente (como las verdaderas causas que provocan aceptación o rechazo de algunos productos) y que ello pueda ser expresado en forma directa, como ocurre con las respuestas que se obtienen cuando se aplican técnicas tradicionales (encuestas, entrevistas individuales, *focus groups*).

El RIM recorre el camino que va desde lo concreto hacia lo abstracto, y viceversa. Metafóricamente, no focaliza su interés en la búsqueda de la presa, sino en las huellas que permitan encontrarla.

3.2.2. Agente encubierto

Con esta metodología se investiga lo que sucede del otro lado del mostrador, es decir, los factores que, además de contribuir a una evaluación de quien atiende a un cliente, permiten conocer las motivaciones, percepciones y sugerencias de este, reconstruyendo su perspectiva en el mismo momento y ámbito en que se genera, esto es, en forma natural y espontánea.

....

La mayoría de las investigaciones que utilizan la metodología *mistery shopper* se concentran en evaluar la atención al cliente. Sin embargo, al focalizar en quien atiende, pierden de vista lo que le sucede al cliente cuando se encuentra en un punto de venta.

....

De este modo, al participar de forma encubierta en el rol de un cliente se generan interacciones dramatizadas que permiten analizar sensorialmente cada escenario y evaluar cómo impacta cada estímulo (visual, auditivo, olfativo, gustativo, táctil) en los compradores.

3.2.3. Acompañamiento etnográfico

En la actualidad, los puntos de venta constituyen ámbitos altamente motivadores y plenos de estímulos que llevan a los clientes a decidir sobre la marcha.

Esto hace necesario contar con una estrategia que permita analizar integralmente este proceso en los mismos tiempos de ocurrencia y durante la permanencia de los protagonistas en el escenario estudiado.

Esta técnica permite reconstruir el modelo secuencial con sus diferentes acontecimientos, y posibilita la identificación de los mecanismos intervinientes en la toma de decisiones.

3.2.4. Simulador sensorial

Uno de los métodos tradicionales más utilizados en investigación de mercados se lleva a cabo en forma experimental, reproduciendo artificialmente las condiciones de venta; por ejemplo, los supermercados simulados.

Asimismo, están las investigaciones que optan por realizar los abordajes en escenarios reales: pruebas de uso, *product tests,* etc.

Sin embargo, y como ocurre en tantos otros estudios, la mayoría de ellos no investiga los aspectos neurosensoriales involucrados en las mencionadas experiencias.

....

El objetivo estratégico de la investigación neurosensorial es la integración de estímulos que permitan activar estados placenteros y generar un ambiente de confianza.

Se aplica para diseñar tanto los productos y servicios como los ámbitos de venta en función de las preferencias sensoriales de los clientes.

....

Con el desarrollo del simulador neuroetnográfico (*sne*) estas deficiencias pueden subsanarse, ya que se trata de una estrategia cualicuantitativa que permite analizar las respuestas neurosensoriales de los participantes cuando son expuestos a determinados estímulos, testear distintas ambientaciones o escenificaciones (aromas, colores, alimentos, etc.), identificar estímulos según su grado de efectividad y/o reactividad, establecer diferencias entre los participantes según el grado de sensibilidad a dichos estímulos y elaborar un árbol neurosensorial de exposición / presentación / escenificación.

3.2.5. *Índices cognitivo-sensoriales* (INCS)

La mayor parte de los métodos tradicionales apela al empleo de índices con el propósito de analizar variables complejas –por ejemplo, el índice de nivel socioeconómico–, pero omiten la incorporación de los aspectos sensoriales aun cuando ha sido demostrado científicamente que son los que determinan la mayor parte de nuestras decisiones como consumidores.

Los INCS son sumamente eficaces para un conjunto de aplicaciones, entre ellas:
* Determinación del grado de aceptación de ciertos atributos en productos y servicios.
* Mediciones de satisfacción de clientes.
* Investigación y diseño de la imagen de marca.
* Estudio, evaluación y diseño de puntos de venta.
* Definición de estrategias de posicionamiento.

Para subsanar este defecto metodológico, se han desarrollado índices neurosensoriales que combinan, en un único instrumento de medida, las dimensiones neurológicas (conscientes y metaconscientes) con las sensoriales (auditiva, táctil, olfativa, gustativa y visual). La construcción de estos índices puede ser estándar (elaborados según objetivos genéricos) o *ad hoc*, esto es, adaptados a los objetivos de una investigación determinada. Como vemos:

| La falta de correlato que suele producirse entre lo que manifiestan los clientes y lo que luego efectivamente hacen impone un soporte analítico-metodológico multidisciplinario acorde con el avance de las ciencias y la gestión de negocios moderna. | • Rastreador de indicios metaconscientes

• Agente encubierto

• Acompañamiento etnográfico

• Simulador sensorial

• Índices cognitivo-sensoriales |

Todos estos procedimientos, así como los que vimos en los apartados anteriores, exigen un alto grado de especialización y, a su vez, es conveniente que se combinen dos o más técnicas. Posteriormente, se debe realizar un análisis comparado que garantice no solo la verificación, sino también una correcta interpretación de los resultados.

El producto como construcción cerebral

1. ¿Qué es un producto?

Para una primera aproximación al concepto, recordemos que las necesidades y deseos de las personas relacionadas con el consumo se materializan o reflejan en los productos y servicios que eligen para su satisfacción.

Para una segunda aproximación, tengamos presente que los clientes no eligen los productos y servicios por lo que estos son o aparentan ser, sino por la *percepción* que tienen sobre ellos y sobre sí mismos. En este sentido, muchos productos actúan como espejos en los cuales las personas disfrutan verse reflejadas.

Por lo tanto, y en el marco del neuromarketing:

Un producto es lo que el cliente percibe que es	Un producto es una construcción cerebral
Porque son los mecanismos de percepción los que determinan lo que el cliente "construye" en su cerebro.	Porque es el cerebro del cliente, y no la línea de producción de una fábrica, el verdadero lugar donde un producto se crea y cobra vida.

Este concepto remite a las funciones sensitivas del cerebro, que recibe información de todos los órganos sensoriales, los procesa y los integra para formar nuestras percepciones, y a uno de los temas más apasionantes que estudia el neuromarketing: la construcción cerebral de la realidad.

1.1. La construcción cerebral de la realidad. ¿Qué significa percibir?

Percibir significa integrar los estímulos que recibimos a través de los sentidos para dotar de un conjunto de significados a los diferentes aspectos de la realidad[1].

Durante ese proceso de intercambio, las sensaciones que experimentamos son el resultado de la interacción de millones de células nerviosas que envían y reciben mensajes a lo largo de una enorme cantidad de redes neuronales interconectadas.

Todo dato que llega del medio ambiente, como el aroma y el sabor del café que disfrutamos durante el desayuno, el sonido de la voz del locutor que nos informa sobre el clima y el estado del tránsito, el color de los muebles del comedor de nuestra casa o la textura del cuero que recubre la silla que estamos utilizando, ingresa al cerebro a través de los sentidos –vista, oído, tacto, gusto y olfato– para ser procesado.

Prácticamente el 95% de este procesamiento se realiza por debajo del umbral de conciencia.

Como estos procesos son estrictamente individuales, los significados que otorgamos a los productos (por ejemplo, a la marca de café que consumimos) y a los hechos (por ejemplo, que esa marca estaba presente en los desayunos que compartíamos con nuestros padres) están teñidos no solamente por nuestra percepción, sino también por el contexto, la información que está archivada en nuestros sistemas de memoria y nuestros propios filtros perceptuales.

En conjunto, todos estos factores hacen que las estimulaciones que recibe nuestro cerebro influyan de manera distinta en el procesamiento de la información y, consecuentemente, en la forma en que los productos y servicios se van posicionando.

Por lo tanto:

La mayoría de los clientes no pueden atribuirle un significado a un producto si no lo ven en su contexto.

Las sensaciones que producen los actos de:

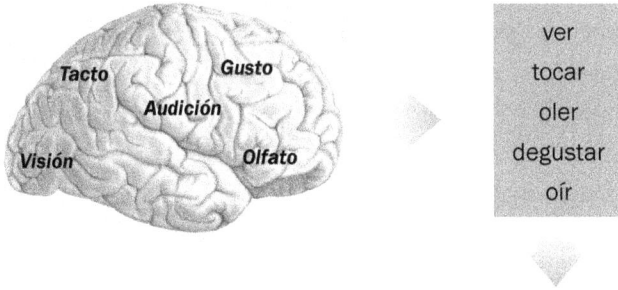

	ver
Tacto　Gusto	tocar
Audición	oler
Visión　Olfato	degustar
	oír

Son más importantes que un producto en sí

Como vemos, estamos ante un fenómeno complejo. Esta complejidad se potencia ante el bombardeo de información al que, como clientes (reales y potenciales) estamos expuestos cotidianamente, lo cual nos obliga a *seleccionar lo que percibimos*.

En este proceso de selección (por lo general, metaconsciente) siempre aplicamos *filtros*. Consecuentemente, la recepción de un mensaje sobre un producto y el hecho de que lo "veamos" en la góndola dependen de varios factores que podemos agrupar en dos grandes categorías:

- **Factores externos:** intensidad, tamaño o contraste de los estímulos sensoriales que recibimos.
- **Factores internos:** nuestra personalidad, estilo de vida, edad, sexo, valores, intereses, necesidades, deseos, emociones, recuerdos, etcétera.

Como consumidores, percibimos la realidad a partir de nuestras creencias, haciendo que los datos sobre los productos y servicios encajen con lo que queremos percibir.

Este proceso es, por lo general, no consciente, e involucra conexiones con significados arraigados en nuestro cerebro que, desde las sombras del pensamiento, dirigen nuestra conducta.

Si bien la cantidad de mensajes (tanto en los puntos de venta como a través de la publicidad) incrementa la fuerza de asociación entre los diferentes estímulos y facilita la recordación, se sabe que existe un límite debido al riesgo de saturación. Más aun, son los compradores quienes demandan a las empresas un proceso de simplificación que también se evidencia en los requerimientos sobre el producto mismo.

Por ejemplo, el cliente no quiere tomarse el trabajo de elegir entre dos cualidades excluyentes en un producto capaz de satisfacer sus necesidades, como un lavavajillas duradero o uno pequeño, una aspiradora funcional o una que tenga un diseño moderno.

Tampoco quiere comprar objetos que ocupen lugar innecesariamente, como un teléfono, un fax y una impresora por separado.

En la actualidad, el cliente exige todos los satisfactores posibles en un mismo producto.

Esto último significa que, al elegir entre diferentes alternativas, el cliente necesita *puntos de referencia* para poder estimar el valor que cada una de ellas le ofrece y, en la mayoría de los casos, no adquiere un producto si no puede compararlo con otros, aun cuando se trate de una innovación.

El tema del *relativismo en el comportamiento de compras* puede explicarse mejor a partir de casos concretos. Por ejemplo, cuando se lanzó al mercado la primera máquina para hacer pan en el hogar, el producto no tuvo éxito. Aun cuando las encuestas habían medido una actitud favorable, estos electrodomésticos continuaban adornando los escaparates. ¿Qué estaba sucediendo?

Los fabricantes descubrieron que el problema era la ausencia de otro producto similar con el cual los clientes pudieran compararlo y encontraron la solución lanzando al mercado otros modelos que cumplían la misma función, pero con diseños y precios diferentes.

En la mayor parte de los mercados, el cliente no adquiere un producto si no puede compararlo con otros, aun cuando se trate de una innovación.

Otro tema muy interesante relacionado con los filtros perceptuales, que Ariely[2] denomina *comportamiento gregario del consumidor,* tiene que ver con la imitación del comportamiento de los demás.

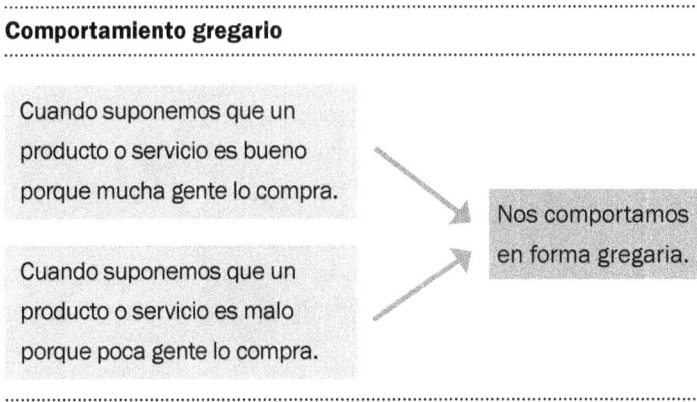

Comportamiento gregario

Cuando suponemos que un producto o servicio es bueno porque mucha gente lo compra.

Cuando suponemos que un producto o servicio es malo porque poca gente lo compra.

Nos comportamos en forma gregaria.

Este tipo de comportamiento, que se observa con claridad en el caso de los restaurantes, el calzado deportivo y la ropa, puede comprenderse mejor analizando el fenómeno del *contagio social*, que se define como el proceso por el cual las ideas, la conducta y las elecciones se expanden como un fenómeno particular entre la gente.

En el mercado de consumo esto significa que cuando algunas personas se enteran de que otras compran determinados productos o servicios realizan la misma elección prácticamente sin pensarlo, generando una especie de reacción en cadena que provoca y asegura el éxito de muchos negocios.

Desde la perspectiva de las neurociencias, este fenómeno también tiene su explicación: cada acontecimiento que vivimos, como esa reunión con colegas en la que el servicio de *catering* fue excelente y, entre otras cosas, se dijeron maravillas sobre el Nissan Murano[3], modifica al cerebro en forma temporal o permanente y nos predispone a actuar de determinada manera.

....

Tanto un producto como los servicios que tiene asociados, sumados al sistema de identidad que lo acompaña (marca, *packaging* y etiqueta), configuran un constructo en el cerebro de las personas. Este constructo está determinado no solo por circunstancias personales y emocionales (ancladas en los sistemas de memoria) sino también por factores sociales, culturales y contextuales que filtran la forma en que perciben, procesan y responden a los distintos estímulos de marketing.

....

Como la formación de algunas redes neuronales está determinada por la experiencia, queda claro que nuestro cerebro no puede construir la realidad sin la influencia del mundo que nos rodea.

1.2. Las decisiones metaconscientes del consumidor. Su importancia en el diseño de estrategias de producto

El marketing tradicional siempre ha argumentado que, cuanto mayor es el riesgo percibido, más complejo es el proceso para decidir qué producto compramos. Esta afirmación podría llevarnos a razonar que, si tenemos que resolver la compra de un piso o de un automóvil, lo ideal será dedicar más tiempo al pensamiento consciente para no tomar impulsivamente una decisión de la cual podamos arrepentirnos en el futuro.

Sin embargo, y tal como han demostrado numerosas investigaciones, entre ellas las de Daniel Kahneman[4], prácticamente no existen las compras racionales aun cuando nos esforcemos en dejar de lado nuestras emociones porque pensamos que afectan la claridad de nuestros pensamientos.

....

Daniel Kahneman demostró que las decisiones de los consumidores varían por motivos no estrictamente racionales. Si aplicamos los resultados de sus investigaciones mediante una estrategia de neuromarketing bien diseñada, tenemos altas probabilidades de influir para que una persona elija nuestro producto y excluya otros que satisfacen una misma necesidad.

....

Para otorgarle mayores fundamentos a estas afirmaciones, analicemos los resultados de un experimento realizado por la Universidad de Ámsterdam, en Holanda.

....
El experimento de la Universidad de Amsterdam
....

Un grupo de científicos de la Universidad de Amsterdam[5] estudió el comportamiento de dos grupos de personas con el objetivo de verificar cómo funcionaba el principio de tomar una "decisión sin atención". El grupo 1 tuvo cuatro minutos para elegir un automóvil a partir de una lista con distintos atributos, incluyendo el consumo de combustible y el espacio para las piernas. El grupo 2 estuvo resolviendo crucigramas para mantener su mente ocupada antes de tomar la decisión.

Los resultados obtenidos fueron los siguientes: el 55% de las personas del grupo 1, denominado "consciente", seleccionó el mejor auto basándose en cuatro aspectos, mientras que solo el 40% del grupo 2, denominado "inconsciente", eligió la opción correcta.

Sin embargo, cuando el experimento fue llevado a un nivel más complejo, utilizando 12 características del automóvil, el porcentaje de éxito del grupo consciente cayó al 23%, mientras que el 60% del grupo que tomó una decisión que los científicos denominaron "no consciente" eligió el mejor coche.

....

En opinión de los investigadores, el hecho de que sea la percepción no consciente la que decide las compras más importantes se comprende mejor si tenemos presente que los seres humanos solo pueden emplazar en su mente consciente una limitada cantidad de información. Veamos cuáles son estas diferencias:

• La *percepción metaconsciente* (que en parte de la bibliografía especializada puede leerse como no consciente, inconsciente o subliminal) es un fenómeno sensorial mediante el cual captamos gran cantidad de información procedente del entorno en forma simultánea sin que seamos conscientes de este proceso; por ejemplo, los estímulos que recibimos a través de los cinco sentidos cuando entramos a un shopping o a un supermercado.

• La *percepción consciente,* en cambio, solo puede atender un máximo de siete, más o menos dos, variables o ítems de información simultáneamente. Esta información puede ser de diferentes extensiones y referirse a cualquier cosa; por ejemplo, escuchar lo que nos dice el vendedor del automóvil sobre la fecha de entrega, tocar la textura del cuero que cubre los asientos para verificar su resistencia o focalizar la atención en los detalles ergonómicos del asiento del conductor.

Posiblemente a estas dos modalidades se deba el hecho de que el cerebro consciente se utiliza para tomar decisiones simples, como comprar toallas o champú (términos de los científicos de la Universidad de Amsterdam) y el metaconsciente cuando la decisión es compleja, por ejemplo, cuando decidimos comprar un coche.

Para corroborar esta afirmación, se realizó un segundo estudio sobre el nivel de satisfacción de un grupo de consumidores que habían adquirido accesorios para la cocina y vestimenta, que fueron interrogados sobre sus opciones de compra de productos más complejos.

Los resultados demostraron que los clientes que tomaron decisiones denominadas "conscientes" se mostraron más satisfechos con la compra de productos simples y menos satisfechos con los muebles y otros productos considerados más importantes.

Estos casos son muy útiles para ayudarnos a comprender que el ser racional del que habla la economía clásica (que calcula costes y beneficios y elige acertadamente en función de la utilidad esperada) parece estar lejos de la realidad, y ello se debe, fundamentalmente, a que son los registros metaconscientes los que mayor influencia tienen en la decisión de compra.

Mantener en forma consciente dos líneas de pensamiento al mismo tiempo es tan complicado como participar en dos conversaciones diferentes en forma simultánea.

En cambio, la actividad metaconsciente del cerebro se caracteriza no solo por la riqueza y variedad de información que maneja, sino también, y fundamentalmente, por su velocidad de procesamiento.

1.3. *Priming*. Aplicaciones en la estrategia de producto

El término *priming* alude a un tipo de memoria que se activa ante el reconocimiento de estímulos previamente presentados. Esto quiere decir, por ejemplo, que si deseamos recordar el nombre de una persona que conocemos pero no logramos evocarlo, es probable que la información llegue a nuestra conciencia si tenemos la posibilidad de que alguien nos ayude con algunas opciones, por ejemplo, con una lista de nombres entre los cuales esté incluido ol que tenemos "en la punta de la lengua".

En el caso de un producto, el mecanismo es muy similar. Supongamos que en un test a ciegas le muestran a un cliente un frasco sin etiqueta que contiene una crema con cierta consistencia de color verde amarillento. Para identificarlo, el cerebro vincula la imagen que está percibiendo con otras que existen en la memoria y las asocia con el producto llevándolo a deducir que es mayonesa.

Así pues, frente al primer estímulo, el cerebro tarda determinado tiempo en reconocer de qué se trata. Posteriormente (cuando los mensajes sobre el producto aumenten a partir de las acciones de marketing) ese tiempo se irá acotando, y así sucesivamente.

Cabe destacar que el reconocimiento no siempre tiene acceso consciente, y ello se debe a que existen, para nuestra percepción, dos flujos de información paralelos: uno consciente, que se refiere a aquel en el cual tenemos enfocada la atención (por ejemplo, si estamos buscando una marca en la góndola de un supermercado), y otro metaconsciente (por ejemplo, lo que la marca evoca en un plano mental que no registramos).

En cualquier caso, el *priming* permite tener un acceso consciente más rápido a los productos a medida que estamos en contacto con ellos, ya sea porque los utilizamos o porque nos llegan estímulos a través de la estrategia integrada de marketing.

El funcionamiento de este tipo de memoria demuestra, a su vez, la importancia de invertir en campañas de comunicaciones. Sin duda, una marca debe estar presente en todos los puntos estratégicos donde pueda ser percibida sensorialmente por el cliente.

2. El producto como construcción multineurosensorial

Por su naturaleza, la percepción sensorial cuenta con dos particularidades: por un lado, establece relaciones de interacción entre las personas y su medio ambiente –del cual forman parte los productos– y, por otro, determina la construcción cerebral de estos, es decir, el conjunto de significados que cada individuo les otorga (posicionamiento).

En este apartado analizaremos la importancia de estudiar cómo funcionan nuestros cinco sentidos: impresiones ópticas (vista), acústicas (oído), olfativas (olfato), gustativas (gusto) y táctiles (sistema cinestésico), y, a su vez, cómo estos conocimientos se aplican en el diseño de productos y servicios[6].

2.1. La construcción de perfiles. Concepto y aplicaciones

La construcción del perfil multisensorial de un producto o servicio depende del tipo de mercado en el que opera la organización, del posicionamiento deseado y de su *target*.

Por ejemplo, en el mercado de yogures, la búsqueda de información debe centrarse en indagar cuáles son las preferencias sensoriales de los consumidores y cómo estas pueden plasmarse en formas, colores, texturas, aromas y sabores según el tipo.

....

El registro de una marca involucra muchos procesos cerebrales que se suceden en paralelo: atención, procesamiento visual, memoria de trabajo, memoria semántica, memoria asociativa, evocación, respuesta motora para mover el ojo y seguir el estímulo, entre otros. Posiblemente el éxito de los comerciales de Benetton se deba a su capacidad para lograr que el cliente tarde más tiempo en procesar la información visual. Cuando una imagen es impactante, se facilita el pasaje de la información a la memoria a largo plazo.

....

Para que el lector pueda comprender con mayor claridad "cómo se hace", transcribimos, a manera de modelo, parte de los objetivos de una investigación realizada en el Brain Decision Braidot Centre.

....

Construcción de perfiles multineurosensoriales en el mercado del yogur

....

Modelo de objetivos para emprender una investigación sobre yogur firme saborizado:

1. Indagar la percepción de los participantes sobre las siguientes variables del producto:

   • Sabor
   • Aspecto
   • Consistencia
   • Aroma
   • Color
   • Forma
   • Textura

2. Caracterizar la experiencia vivencial de los participantes cuando visualizan y manipulan el envase.
3. Caracterizar e indagar los aspectos relatados en 1 y 2 con productos de los dos principales competidores.
4. Identificar las características que debería tener un yogur ideal a nivel multisensorial.

....

Tal como se desprende de este ejemplo sintético, para que un producto tenga éxito en el mercado es necesario definir qué beneficios suministra al cliente y qué aspectos es necesario cambiar para mejorarlo.

En todos los casos, es aconsejable realizar un test previo, con un panel sensorial, que permita medir estos aspectos a un máximo nivel de detalle, por ejemplo, qué ocurre con el producto mientras este se disuelve en la boca, qué sensaciones provoca en el paladar, etcétera.

En la industria alimentaria, estos paneles normalmente están compuestos por expertos, como ocurre con los enólogos, en el caso de los vinos, o los catadores, en las industrias de té y café.

....

En el mercado del vino, la repetición de compra depende claramente de características organolépticas, y en este orden: aroma, sabor, apariencia y sensación en boca.

También se ha comprobado que las preferencias de los enólogos suelen no coincidir con las de los clientes. Ello se debe, fundamentalmente, a que los filtros que intervienen en la percepción de los expertos son completamente diferentes a los de los usuarios.

....

Sin embargo, y aun cuando su participación es de vital importancia, estos especialistas solo aportan datos sobre el tipo de estímulos que, se supone, percibirán los clientes.

Por lo tanto, solo una investigación que incluya a los clientes y los ubique en primer lugar podrá suministrar información valiosa tanto para el diseño del producto en sí como para las demás variables que integran la estrategia de neuromarketing.

3. Rol de la marca en la estrategia de neuromarketing

El diseño y lanzamiento de nuevos productos implica la generación de un sistema de identidad cuyo centro siempre es la marca y se complementa con el *packaging* y la etiqueta. Comenzaremos, entonces, por explicar qué es una marca.

Al igual que el producto, *una marca es lo que los clientes perciben que es.* Esta percepción se relaciona con la personalidad que la marca le otorga al producto y también al cliente, desde el momento que le permite expresarse a través de ella.

Mediante la marca, una persona comunica quién es o cómo desea ser. De este modo, la marca actúa como una especie de espejo en el que el cliente se ve reflejado y, a su vez, lo diferencia de los demás.

La ropa Nike, el Club Med, la cadena de hoteles Meliá y muchas otras, ayudan al cliente a definirse a sí mismo y a construir su propia imagen. En este caso no juega solamente la percepción propia, sino también la de las personas que pertenecen a su entorno social. Por lo tanto:

El poder de una marca radica en que evoca un rango amplio de asociaciones e ideas que relacionan conceptos, valores y emociones.

Si bien la primera función de la marca es la identificación, esta identificación remite a un conjunto de significados que van mucho más allá de un nombre y tienen un impacto único en el cerebro.	El hemisferio derecho trabaja con aspectos conceptuales (la marca es un concepto), con valores (la marca es un valor) y emociones (la marca es más emoción que razón).

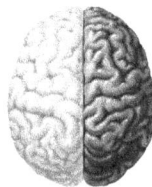

Varios estudios realizados con fMRI concluyeron que el conocimiento de la marca puede influenciar nuestras preferencias al comandar los circuitos cerebrales involucrados en la memoria, la toma de decisiones y la imagen que tenemos sobre nosotros mismos.

En este sentido, la *identidad* de una marca tiene un papel esencial en el proceso de compra, ya que cuando el sujeto la conoce, diversas regiones, entre ellas el hipocampo (una de las estructuras involucradas en el sistema de memoria) y otra zona de la corteza órbitofrontal (relacionada con las emociones), se activan.

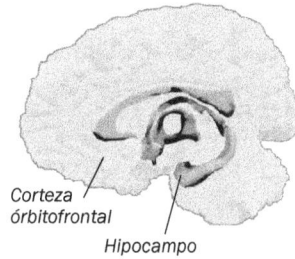

Corteza
órbitofrontal

Hipocampo

Como el posicionamiento se asocia con las distintas imágenes sensoriales que crea el cerebro, una marca cobra vida precisamente a partir de estas, debido a que las construcciones de percepción generalmente son multisensoriales e integran varias dimensiones.

3.1. La marca como factor de diferenciación en la mente del mercado

Una marca es, por su naturaleza, el principal factor de diferenciación.

....

Lo que hace que una persona distinga Victoria Secret de Caro Cuore o Suchard de Nestlé es todo lo que las empresas hacen para generar diferencias en las percepciones de su mercado objetivo.

Por ello, las marcas forman parte del capital inmaterial, intangible de toda organización, y se convierten en el patrimonio de más valor.

....

De hecho, la mayoría de los productos se convierten en *commodities* cuando, a nivel funcional, son copiados por los competidores.

A su vez, muchas marcas son depositarias no solo de las necesidades del cliente, sino también de sus aspiraciones. Cuando están dotadas de atributos emocionales, crean una especie de relación sentimental que puede durar toda una vida.

A nivel neurológico, el poder de una marca existe cuando desencadena un conjunto de asociaciones que son primariamente emocionales. Por lo tanto, si el cliente codifica información en función de características afectivas y sensoriales, será mucho más fácil que la recupere y la extrapole a una situación concreta de compra[7].

En los siguientes apartados amenizaremos los conceptos teóricos mediante el relato de investigaciones y casos reales.

....

Durante una investigación realizada en Estados Unidos[8], Clint Kilts, fundador del BrightHouse Institute, realizó el siguiente experimento: reunió a un grupo de sujetos y les pidió que observaran una serie de productos y que hicieran un ranking de estos según sus gustos.

Luego les mostró nuevamente las imágenes, esta vez monitoreando su actividad cerebral por medio de fMRI. Observó que cada vez que un participante veía un producto que había seleccionado como aquel con el cual se identificaba, había una actividad creciente en la corteza media prefrontal que está asociada con el sentido de uno mismo.

Otros estudios, realizados también con fMRI, habían revelado una mayor actividad en la corteza media prefrontal cuando se les preguntó a los participantes si adjetivos como "confiable" y "osado" eran aplicables a ellos.

....

La conclusión de estos experimentos es que, cuando la corteza media prefrontal se activa, el cerebro parece estar comprometido, de alguna manera, con la clase de persona que cada uno de nosotros es. Extrapolando estos conceptos al tema de la marca, podemos inferir que esta activación refleja la conexión entre la marca y la imagen que el cliente tiene de sí mismo.

Para demostrarlo, Kilts pidió a un periodista del *New York Times* que permaneciera ante el resonador magnético. Luego, en una pantalla, comenzó a proyectar imágenes de un Hummer, una bicicleta, un juego de básket, una botella de Pepsi, Martha Stewart y una docena de imágenes más de productos de consumo diario.

El periodista contó que él se imaginaba conduciendo el Hummer, jugando al básket o sosteniendo la botella de Pepsi, pero no sabía qué hacer con Martha Stewart. Después de unos quince minutos, se le mostraron las imágenes de su cerebro. El investigador señaló un punto amarillo en el lado derecho, en la corteza somatosensorial, un área que indicaba actividad cuando tenía experiencias sensoriales.

¿Cuál es la aplicación de estos resultados al tema que estamos abordando? Veamos.

- Si una empresa encuentra que su marca despierta una respuesta en la corteza somatosensorial, puede concluir que no ha provocado una compra instintiva e inmediata. Aun cuando un cliente presente una actitud positiva hacia el producto, si tiene que "probarlo mentalmente" no está instantáneamente identificado con él.
- El punto mágico, lo que muchos han denominado "el botón de compra", parecería ubicarse en la corteza prefrontal medial. Si esta área se activa, el cliente no está deliberando, sino ansioso por comprar o poseer el producto.

Otro experimento muy interesante relacionado con marcas fue llevado a cabo por Eran Zeidel, de la Universidad de California, en Los Angeles[9], en el que participaron 48 estudiantes.

Se les pidió que observaran la pantalla de un ordenador en la que se mostraron varias palabras, tanto al lado derecho como al izquierdo del monitor, en mayúsculas y en minúsculas.

Las palabras eran tanto sustantivos comunes (río o árbol) como nombres de marcas (Sony o Compaq). También se utilizaron términos inventados (que denominaron "no palabras"), como *rik* o *pius,* con la siguiente consigna: cada vez que reconocieran una palabra como real, debían apretar un botón.

El experimento determinó que los participantes reconocían más rápidamente los sustantivos comunes, seguidos por las marcas y, por último, las denominadas "no palabras".

También se detectó que los sustantivos comunes se identificaban más rápidamente cuando aparecían en el lado derecho de la pantalla, sugiriendo que el lado izquierdo del cerebro se involucra fuertemente en su reconocimiento, y que las marcas eran más fácilmente reconocibles cuando aparecían del lado izquierdo de la pantalla, lo cual implica que el lado derecho del cerebro –asociado al procesamiento de las emociones– estaba más involucrado en su reconocimiento.

Este experimento confirma algo que hemos afirmado desde el principio: el principal activo de una marca está constituido por la valoración del cliente. Cuando esta valoración es altamente positiva, se constituye en un gran potencial para negocios futuros, y por lo tanto, en una fuente importantísima de rentabilidad para la organización que la comercializa.

....

El nombre de una marca se procesa en el cerebro de manera distinta a como procesamos cualquier palabra.

....

En este sentido, uno de los grandes desafíos para el neuromarketing es profundizar en los estudios destinados a indagar cómo es procesada, a nivel cerebral, la relación de los clientes con las marcas. De momento, se sabe que la familiaridad está mayoritariamente representada en la corteza parietal del hemisferio derecho; por lo tanto:

Cuando se activan determinadas zonas cerebrales, se puede inferir que las empresas cuentan con un valioso capital que no se encuentra en sus inventarios físicos, sino en la mente de su mercado objetivo.

4. Consecuencias de la atención en las estrategias de producto

La atención, como señalamos varias veces en este libro, tiene capacidad limitada y este es uno de los temas que desvelan al neuromarketing desde sus comienzos.

¿Qué y cómo hacer para que el cliente visualice rápidamente el producto propio entre tantos que compiten en el mismo espacio? ¿Qué se puede crear, en materia de *packaging,* para que lo distinga rápidamente y lo ponga en su carrito? ¿Cómo debería ser un mensaje publicitario para que llegue y sea recordado? ¿Qué se puede hacer que aún no se haya hecho?

Para dar respuesta a estas preguntas se están emprendiendo algunos estudios con el fin de analizar, por medio de fMRI *event related,* cómo se produce este fenómeno.

De momento, se ha podido observar qué red de regiones cerebrales se activa durante el proceso de control de la atención visual y espacial. Dado que la cantidad de información que es potencialmente disponible a través de los sentidos es mucho mayor que la que el cerebro puede manejar, mucha se descarta en un proceso de selección en el que solo se registran aquellos estímulos de mayor relevancia para su procesamiento posterior.

Como ninguna empresa quiere que sus marcas pasen desapercibidas para el cliente, estos avances cobran cada vez mayor relevancia. Pensemos, por ejemplo, en un supermercado. Cuando circulamos, nuestro foco de atención está en constante cambio en respuesta a la gran cantidad de estímulos.

Cuando nos detenemos ante una góndola, un cambio en el foco de atención normalmente está seguido por un movimiento ocular hacia otro lugar. Este tipo de movimientos también es común en tareas que demandan mucha concentración visual, como estudiar o manejar un coche.

Durante experimentos en laboratorio, estos cambios de atención pueden ser detectados porque los tiempos de reacción son más cortos para ensayos en los que los sujetos esperan un estímulo con relación a aquellos que no lo esperan.

En otros términos: si una persona que está observando atentamente espera un determinado estímulo porque sabe que se va a producir, tarda menos tiempo en procesar la información visual que otra que es sorprendida porque no lo espera.

Estos conocimientos son de gran aplicación en la actividad de marketing. Si el *packaging* de un producto o un comercial sorprenden al cliente, es probable que les preste más atención visual porque su cerebro tardará más tiempo en procesar la información.

Cuando el estímulo es esperable, ocurre lo contrario. Esto también explica por qué siempre hay un máximo en la cantidad de emisiones de un mismo comercial. La excesiva repetición finalmente logra que la audiencia no le preste atención.

Los recientes estudios de fMRI *event related,* que revelan el curso temporal de las respuestas cerebrales, permiten correlacionar la aparición de un estímulo que cambia en el tiempo con la activación cerebral que se observa. Esto permite tener una idea más concluyente sobre cuáles son los procesos que se suscitan en la mente del individuo ante una experiencia de percepción.

En el caso del *packaging,* un diseño interesante siempre es una propuesta inesperada. Cuando el producto se destaca y se "recorta" por sí mismo en la góndola, el cliente le presta más atención visual porque la imagen ocupa más tiempo en su cerebro. Lo mismo ocurre con todas las vías posibles de publicidad, incluida la que se realiza a través de Internet. Estos estudios nos dan una idea de que los mecanismos cerebrales de percepción y atención son sumamente complejos. El registro de una marca, por ejemplo, supone muchos procesos que se suceden en paralelo: atención, procesamiento visual, memoria de trabajo, memoria semántica, memoria asociativa, evocación, respuesta motora para mover el ojo y seguir el estímulo, entre otros.

Ello sugiere que para captar la atención del cliente debemos desarrollar un conjunto de habilidades de comunicación que nos permitan sorprenderlo. De hecho, si no encuentra ninguna razón para retener una imagen, no lo hará. En cambio, si la atención cuenta con algún anclaje o detalle diferencial concreto –por ejemplo, la relación del producto con un acontecimiento especial (una boda, un nacimiento, una reunión familiar, una graduación)–, una vez captada su atención la información pasará al sistema de memoria a corto plazo.

Cabe destacar que, además de los anclajes relacionados con los sistemas de memoria episódica y emocional, es importante generar un ámbito adecuado para facilitar este proceso. Muchos experimentos actuales realizados en el campo de las neurociencias cognitivas se enfocan en detectar cómo el contexto y el humor de una persona influyen en sus mecanismos de atención y memoria.

Hoy se sabe que los procesos biológicos relacionados con el estado de ánimo afectan la memorización y recuperación de los recuerdos relacionados con productos y servicios porque las emociones, entre ellas las vinculadas con el humor, activan una red de asociaciones cerebrales relacionadas con lo que está "sintiendo" un sujeto.

Por ejemplo, si la imagen asociada con el producto despierta risas, el buen humor potenciará los pensamientos relacionados con esa sensación. Según los científicos, el efecto del estado de ánimo positivo en la memoria va asociado a la liberación de un neurotransmisor: la dopamina.

Por lo tanto, si un anuncio lleva a que el cliente asocie el producto con un estado de ánimo positivo, aumenta en el cerebro la cantidad de esta sustancia. Este aumento mejora la recuperación de recuerdos que facilitan la repetición de compra.

4.1. Cómo captar la atención del cliente a través del *packaging*

Todo envase debe destacarse entre sus pares y transmitir al cliente qué es el producto y por qué debe elegirlo. Ahora bien, ¿cómo hacerlo?

Imaginemos que estamos observando a un cliente en un supermercado. Sabemos que, mientras lo recorre, está buscando una variedad de queso que le pidió su mujer, pero no conoce las marcas y tampoco los precios. También sabemos que su tiempo es escaso y que probablemente sea el precio la variable que precipite su decisión.

Cuando el señor se detiene ante la góndola, de un solo golpe de vista examina (rápidamente) una enorme cantidad de opciones en cuanto a marcas, sabores, texturas y tamaños. ¿En cuál se detendrá?

Excepto que su vista registre únicamente el precio, lo más probable es que observe el producto que tenga un *pack* con un diseño suficientemente atractivo como para captar su atención. Sin embargo, puede haber varios con características similares, pues las empresas compiten codo a codo para optimizar la gestión de sus "vendedores silenciosos".

Como sabemos, la atención consciente es selectiva, por lo que tendemos a poner el foco en pocas cosas a la vez. La memoria sensorial (cuya función es mantener la información en el cerebro el tiempo estrictamente necesario para identificarla y registrarla en la memoria de trabajo) dura, en general, pocos segundos. Cuando la información no es relevante para el cliente la memoria sensorial inmediatamente desaparece.

Además, y retomando lo analizado al principio de este capítulo, el cerebro percibe globalmente e integra la información sensorial en función del contexto. Si solo miramos, activamos un número reducido

de conexiones neuronales dentro del córtex visual. Si, además, tocamos, por ejemplo, el *packaging,* activamos un número mucho mayor
de conexiones directas e indirectas entre áreas táctiles y visuales.

Nuevamente, estamos ante la necesidad de provocar lo que se
conoce como impacto multineurosensorial: en todos los casos, tanto
la gráfica como la forma del *pack* deben transmitir beneficios sensoriales inmediatos que evoquen los atributos centrales del producto,
como el sabor, la textura, la calidad y la capacidad nutricional (en el
ejemplo que estamos desarrollando).

4.2. Las etiquetas y los colores

La etiqueta incluida en el *packaging* no es simplemente un ró-
tulo que se pone en una lata, una caja, un frasco o una botella, sino
que es un medio importantísimo de comunicación al colaborar con el
envase en su tarea de "vendedor silencioso".

Como integrante del *packaging,* debe contener todos los atributos necesarios para ser atractiva, *comenzando por los colores* y continuando con la capacidad del mensaje para transmitir un concepto
claro sobre el producto en forma sintética.

Recordemos que los sentidos están integrados, por lo que la
percepción del color puede influir en forma directa en el gusto, acer-
cando o alejando al cliente de un producto. De hecho, antes de comer un plato de pastas azules más de un individuo se detendría, por
lo menos, a averiguar de qué están hechas.

Lo mismo ocurre con el *packaging* y las etiquetas: los colores
del continente dicen mucho sobre el contenido, por lo que no debe
haber errores.

En el mercado de vinos, existen estudios recientes que demuestran cómo influye el color en el reconocimiento de los aromas[10].

Se ha observado que tanto la detección y la discriminación como
la intensidad percibida de la sustancia no dependen solamente del aroma o del gusto, sino que están fuertemente influenciadas por estímulos

visuales, auditivos y el valor corriente de recompensa de esa sustancia[11]. Según dice Dolan en su trabajo, "la nariz huele lo que el ojo ve".

Este fenómeno de percepción multisensorial sugiere algunos temas interesantes respecto de las estrategias a utilizar en cuanto a colores, no solo para que el producto se destaque, sino también para que quede asociado a la imagen que desea comunicarse a través del *packaging* y la etiqueta.

A su vez, los estudios de Dolan resultan valiosos para tener en cuenta en las degustaciones de vinos y en el posicionamiento de productos vitivinícolas, así como en cualquier otro donde las características aromáticas estén asociadas a una descripción semántica de la marca.

Vemos pues que las áreas corticales de reconocimiento visual y del color se encuentran fuertemente vinculadas a otras zonas de percepción, y también que muchas veces el cerebro resulta engañado por la percepción del color.

También se ha observado que es notable cómo la percepción del rojo en una etiqueta o *pack* hace que las letras o dibujos resalten del fondo de una manera muy fuerte. Esta separación de la figura del fondo llama la atención; en nuestros términos, "atrae el foco de atención visual".

Como vemos, las aplicaciones de los conocimientos sobre la percepción de los colores y la manera en que interactúan nuestros sentidos son infinitas[12]. En el tema que nos ocupa en este apartado, el *packaging* y la etiqueta, lo que deseamos subrayar es que no solo los colores, sino también el contraste que seamos capaces de lograr entre ellos, constituyen un estímulo primario para atraer la mirada del cliente hacia el producto que comercializa la organización.

De esto se desprende que, siempre que se diseñe un *pack* o una etiqueta, será de gran utilidad realizar un test mediante técnicas de neuroimagen. Como todo producto es lo que cada cliente percibe que es, conocer las zonas que se activan en su cerebro cuando está en contacto con estas dos partes centrales que integran su sistema de identidad de un producto siempre nos ayudará a ser más eficaces en el desarrollo de las estrategias para seducir a los clientes.

6

El precio como
construcción perceptual

1. El precio como variable estratégica:
la necesidad de un enfoque centrado en el cliente

■ Por qué un precio es aceptado mientras que otro es rechazado?
¿Por qué un precio es percibido como justo y otro como injusto?
¿Por qué hay precios que angustian a los consumidores? ¿Por qué
hay precios que los irritan? ¿Por qué hay precios que pagan con gusto y
otros que los llevan a rechazar un producto?

Si bien no hay una única respuesta para estas preguntas, la
mayor parte de los errores tiene un denominador común: aun cuando
quienes toman decisiones sobre el precio son empresarios o gerentes que cuentan con una importante formación en marketing y planeamiento estratégico, en algunas organizaciones continúa prevale-
ciendo la obsesión por los costes, que pone al cliente como último
eslabón de la cadena cuando se sabe que debe hacerse lo contrario:
en materia de fijación de precios, es el cliente el punto de partida.

En función de esta premisa, comenzaremos este capítulo con
tres conceptos que, según nuestro criterio, deben ser tomados como
"máximas", ya que un análisis pobre o escaso de esta variable puede
llevar a un negocio entero al fracaso:

1. Ninguna estrategia será efectiva si no se estudian los *mecanismos cerebrales* que determinan la percepción del cliente sobre el precio.
2. La conexión entre un producto y su precio depende de lo que cada cliente percibe como el *valor* que el producto le proporciona.
3. Cuando el *valor percibido* no justifica el precio, el producto comienza a engrosar los inventarios porque nadie lo compra.

Sin duda, la fijación de precios debe encontrar un equilibrio entre la necesidad de la empresa de alcanzar sus objetivos de rentabilidad y el valor percibido por los clientes.

Cuanto mayor sea ese valor, mayor será lo que estarán dispuestos a pagar. Ahora bien, ¿de qué valor estamos hablando exactamente? En neuromarketing, el valor que nos interesa es el que el cliente le otorga a un producto o servicio en función del conjunto de beneficios (tangibles y simbólicos) que le proporciona.

Desde la perspectiva tradicional, el precio indica la cantidad de dinero que un cliente debe dar a cambio cuando adquiere un producto o servicio.

Desde la perspectiva del neuromarketing, el precio es un estímulo que, al entrar en el cerebro del cliente, es inmediatamente asociado con un conjunto de conceptos que inciden en su percepción sobre el valor del producto, y por lo tanto, en la transición desde la intención a la acción de compra propiamente dicha.

Por ejemplo, cuando se introdujeron los televisores de plasma en Brasil, los vendedores hallaron un segmento importante del mercado para el cual el valor residía en disfrutar del producto lo antes posible. Como el poder adquisitivo de estos clientes no les permitía comprarlo al contado, lo adquirieron en cuotas, pagando un precio considerablemente superior.

De este sencillo caso se desprende que para muchas personas hay factores más significativos que el dinero del que deben desprenderse cuando toman sus decisiones de compra. La falta de tiempo, por ejemplo, se ha traducido en la preferencia por modalidades como el *delivery,* pedidos por Internet, comidas semielaboradas y todo tipo de servicios a domicilio, generando un sinnúmero de negocios sumamente rentables y exitosos en el mundo entero.

La lección que estamos aprendiendo (con solo observar y analizar lo que ocurre en el mercado) es que, del mismo modo que la satisfacción de una necesidad humana se asocia con un producto, y el deseo con una marca concreta, el precio está inexorablemente asociado con construcciones cerebrales que revelan percepciones de valor.

Para descubrir cuáles son los elementos generadores de valor, las empresas de avanzada aplican los últimos desarrollos del neuromarketing a sus métodos de investigación. Veamos un ejemplo[1].

....

La empresa General Motors[2] utilizó la técnica de generación de metáforas y analogías para identificar qué es lo que valoran sus clientes con el fin de direccionar no solo el diseño de sus coches, sino también el *mix* de comunicaciones y el rol de los minoristas dentro de su estrategia de canales de comercialización.

Durante una de esas investigaciones, se solicitó a los participantes que acudieran a una entrevista individual con objetos que expresaran optimismo. Uno de los clientes llevó la fotografía de una copa de champán y explicó que el diseño simple y abierto de esa copa expresaba muchas cosas entre ellas, el amanecer.

....

Tal vez se pregunte el lector dónde está la relación entre el amanecer-optimismo y el tema que nos ocupa. La respuesta es sencilla:

esta técnica se utilizó para hallar estímulos que pudieran traducirse en una propuesta de valor; entre ellos, nuevos elementos de diseño para incorporar a los coches.

Cuando se buscan los valores relacionados con los beneficios de un producto o servicio mediante metáforas que apelan al mundo sensorial del cliente, se puede penetrar con mayor profundidad en los aspectos metaconscientes que, en definitiva, son los que desencadenan la mayor parte de las decisiones de compra.

Dado que la percepción de valor no puede definirse como racional, ya que en ella siempre interviene una serie de factores metaconscientes, es necesario utilizar metodologías que permitan ir más allá de lo que connota el precio entendido como un sacrificio en términos monetarios.

Esto significa que una estrategia de neuromarketing bien diseñada debe incluir la investigación sobre las fantasías, recuerdos, experiencias y, fundamentalmente, sobre las emociones del cliente que impactan en su percepción sobre el valor de un producto. Sin duda, si Coca-Cola puede fijar un precio considerablemente superior al de otras marcas es porque tiene capacidad para llegar al cerebro emocional del comprador, tal como demostró Read Montague con su famoso experimento.

El siguiente texto, que pertenece a Jonathan Turner[3], explica con mucha claridad la relación entre las emociones y el concepto de valor:

"Elegir entre alternativas exige contar con algún medio para calcular el valor relativo de esas alternativas, y esta capacidad está ligada a las emociones. Las emociones le dan un valor a cada alternativa y, al hacerlo, proporcionan un baremo para juzgar y seleccionar entre ellas.

Este proceso no tiene por qué ser consciente y, en realidad, en todos los animales, incluyendo los humanos, raramente lo es."

En la actualidad no hay ninguna duda sobre la veracidad de estas afirmaciones. De hecho, el neuromarketing corroboró varias veces que, aun bajo la apariencia de racionalidad, casi siempre existe un conjunto de emociones que, sin que los clientes lo noten en el plano consciente, gobiernan tanto sus pensamientos como sus acciones; por lo tanto, un análisis profundo de las variables generadoras de valor que las incluya debe orientar tanto las investigaciones como la implementación de estrategias de precios.

1.1. El cerebro emocional en las decisiones sobre precios

El precio no es una simple ecuación económica, sino que tiene una significación conceptual en sí mismo y está asociado a un conjunto de factores emocionales que van mucho más allá de lo que sugieren las teorías tradicionales basadas en el principio de utilidad.

Uno de los neurocientíficos que más han estudiado la influencia de las emociones en la conducta humana es Antonio Damasio[4].

En su opinión, las mejores decisiones que toman las personas no proceden de su mente racional, sino de la intuitiva, emocional, y lo explica muy bien en estas frases que hemos seleccionado durante la lectura de su obra[5]: "A lo largo de su evolución, el hombre desarrolló un mecanismo neurológico que le posibilitó decidir y actuar rápidamente para sobrevivir. Ante un hecho que puede poner en peligro su vida, no tiene tiempo para pensar y luego decidir". "Es decir, que no razonamos: 'viene la piedra, entonces me muevo', sino que nos movemos automáticamente."

Lo que quiere decir es que, como resultado de la evolución, el pensamiento racional requiere más tiempo de procesamiento y ello reduce la posibilidad de decidir rápidamente. Este hecho nos lleva a actuar de una manera tan rápida que parece automática.

Al estudiar las situaciones que desencadenan una reacción automática, Damasio elaboró su *hipótesis del marcador somático,* que se ha convertido en el modelo neurocognitivo de la toma de decisiones.

> Un marcador somático es un cambio corporal que refleja un estado emocional positivo o negativo que relativiza la evaluación racional.

> Al anticiparse a las posibles consecuencias de una elección, el cerebro genera respuestas automáticas de origen emocional que guían el proceso de toma de decisiones.

Los marcadores somáticos, ubicados en la corteza prefrontal, se aprenden durante los procesos de interacción con el medio ambiente. Como influyen en la velocidad de las decisiones, tienen un rol muy activo en los mecanismos de percepción.

Por lo tanto, y con relación al tema que estamos abordando, podemos inferir con claridad que la percepción de un precio como alto o bajo, justo o injusto, razonable o irrazonable, está determinada siempre por la interacción razón-emoción.

Esto significa que, al decidir la compra de un producto, el pensamiento racional nos permite llevar a cabo una forma de análisis-comprensión de la que, por lo general, somos conscientes; por ejemplo, que un modelo de Peugeot nos cuesta más que uno de Fiat que ofrece las mismas prestaciones.

No obstante, "algo" nos lleva a elegir Peugeot. Ese "algo" que muchas veces no podemos explicar tiene que ver con modalidades del cerebro emocional, que opera con procesos que se generan por debajo de nuestro umbral de conciencia.

Los avances en la *neurociencia afectiva,* que se ocupa de estudiar el comportamiento de las emociones a nivel cerebral, nos permitirán analizar con más claridad el rol de los componentes emocionales en la percepción del cliente sobre el precio.

Afortunadamente, durante los últimos años se ha logrado una mejor comprensión sobre el comportamiento humano mediante la integración de las investigaciones sobre la anatomía del cerebro con los avances de la neuropsicología, y esto es particularmente relevante para analizar el impacto perceptual del precio.

Mediante neuroimágenes, se ha observado que las reacciones emocionales se desencadenan por *estímulos externos,* como el placer que provoca degustar un producto, y por *estímulos internos,* como los recuerdos positivos relacionados con una marca, por ejemplo, las estrategias que elucubrábamos cuando éramos niños para salir a pasear en el Peugeot del abuelo.

Cabe destacar que los mecanismos de las emociones no pueden investigarse si estas se abordan en forma aislada. Ello se debe a que no existe un único neurocircuito que participe en su procesamiento. Por ello, en neuromarketing investigamos lo que ocurre en varias zonas cerebrales, entre ellas, el hipocampo (imprescindible para registrar y recordar los hechos), los lóbulos frontales (que serían los "ejecutivos" del cerebro) y la amígdala (centro nuclear en el procesamiento de los estímulos emocionales).

Lo relevante, con relación al tema que estamos abordando, es que cuando los estímulos son emocionales, el cerebro crea un camino más corto para que los datos lleguen rápidamente a la amígdala; por esa razón las marcas que logran construir un vínculo afectivo con sus clientes pueden aumentar su rentabilidad a partir de la fijación de un precio más alto[6].

1.2. Dar y recibir: cómo encontrar el verdadero punto de equilibrio

De lo que hemos expuesto hasta ahora el lector puede deducir con claridad que el precio no es una variable absoluta, porque cada persona lo percibe de una manera distinta. Por lo tanto, para encontrar el verdadero punto de equilibrio debemos ponernos en el lugar del *cliente* y tener siempre presente lo que sigue:

- El precio está integrado por el sacrificio pecuniario y no pecuniario que debe realizar cada cliente al adquirir el producto.
- Este sacrificio se recompensa con el valor que recibe.

Al igual que el amante del sol que puede pagar hasta 5 euros por un bocata en una playa del Mediterráneo, muchos de nosotros más de una vez hemos optado por comprarlo en el bar de la esquina para no pagar los sacrificios no pecuniarios de tiempo y esfuerzo que requeriría ir hasta el supermercado más próximo a comprar los ingredientes para prepararlo personalmente.

Otro tema importante que debemos considerar es que la decisión de comprar un producto o adquirir un servicio a determinado precio está signada por las experiencias pasadas. Esto significa que, excepto en el caso de marcas muy jóvenes, los adultos tendemos a privilegiar aquellas que nos hicieron felices en nuestra infancia y adolescencia. Por lo tanto, cuando pagamos un precio más alto por un producto es porque tenemos en mente un plus que va más mucho más allá de la satisfacción de una necesidad genérica.

Esta reflexión nos lleva a remarcar una vez más la importancia de construir una marca con una visión de largo plazo. Sin duda, cuando existe un plus emocional, el sacrificio monetario pasa a un segundo plano. Consecuentemente, nos encontramos ante una balanza que, si bien busca el equilibrio, suele estar en desequilibrio en el momento de pensar la compra. Analicemos estos conceptos con ayuda de un gráfico:

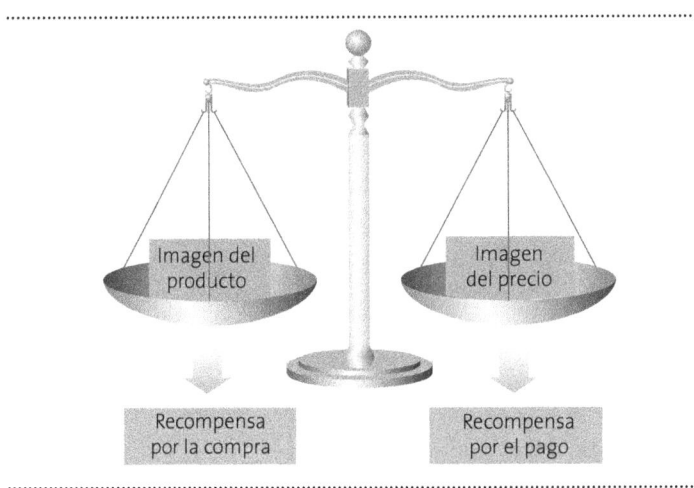

Metafóricamente, en el primer platillo colocamos un producto que no es solamente un conjunto de atributos físicos, sino una construcción cerebral relacionada con satisfactores de necesidades, deseos, funcionalidades, emociones. Esto es: con un conjunto de *recompensas* que puede proporcionar su compra.

En el otro, ubicamos la percepción del precio traducida a coste monetario o imagen del gasto que cada individuo debe realizar en términos de sacrificios pecuniarios y no pecuniarios para obtener los satisfactores que desea.

La empresa debe actuar en ambos lados de la balanza. En el caso del producto, debe lograr que sea percibido como satisfactor de necesidades y generador de recompensas; en el caso del precio, para generar una imagen positiva del gasto o coste monetario.

En la gráfica siguiente sintetizamos los conceptos que hemos abordado hasta aquí relacionándolos (a su vez) con lo que ya hemos incorporado sobre el cerebro emocional, el sistema de recompensa del cerebro y la acción de algunos neurotransmisores[7].

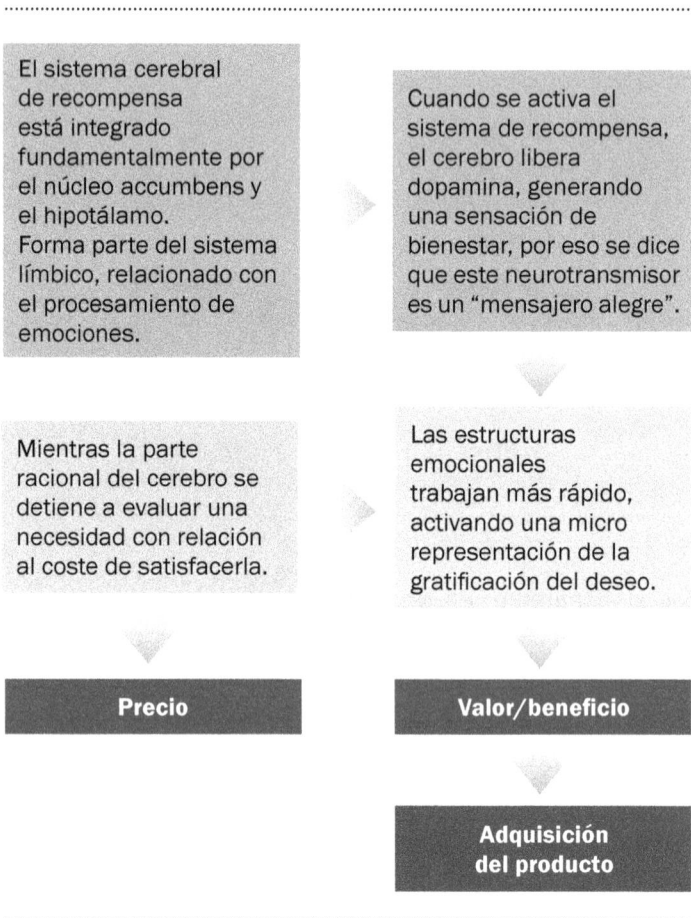

El sistema cerebral de recompensa está integrado fundamentalmente por el núcleo accumbens y el hipotálamo. Forma parte del sistema límbico, relacionado con el procesamiento de emociones.

Cuando se activa el sistema de recompensa, el cerebro libera dopamina, generando una sensación de bienestar, por eso se dice que este neurotransmisor es un "mensajero alegre".

Mientras la parte racional del cerebro se detiene a evaluar una necesidad con relación al coste de satisfacerla.

Las estructuras emocionales trabajan más rápido, activando una micro representación de la gratificación del deseo.

Precio

Valor/beneficio

Adquisición del producto

Como vemos, si una empresa logra incrementar la percepción de valor sobre los satisfactores que proporciona el producto, el sistema cerebral de recompensas hará que este platillo tenga más peso y, a su vez, que el del gasto lo equilibre (al reducirse la percepción de sacrificio relacionada con el precio).

1.3. Cómo disminuir la percepción de pérdida. Los aportes de Daniel Kahneman

Daniel Kahneman obtuvo el Premio Nobel de Economía por haber aplicado los avances de la investigación psicológica a las ciencias económicas. Sus aportes son sumamente útiles para comprender el comportamiento de los consumidores con relación al precio y desarrollar estrategias que ayuden a disminuir la sensación de pérdida.

Kahneman analizó la complejidad del razonamiento de las personas en el momento de tomar decisiones económicas y demostró, con sus estudios focalizados particularmente en la bolsa de valores, que en la evaluación de los compradores influye más una perspectiva de pérdidas que una perspectiva de ganancias.

La conclusión de Kahneman es que, cuando elegimos, no siempre lo hacemos objetivamente y que, frente al consumo, hay un componente de gran influencia, que es la aversión a la pérdida. Esto significa, por ejemplo, que un individuo prefiere no perder 100 euros antes que ganar 100 euros.

En otros términos: que le resulta más fácil pagar 1.500 euros por algo que esperaba que costara 1.400, que pagar 100 por algo que creía gratuito, aunque el monto de la pérdida en ambos casos sea el mismo.

Un caso estudiado de aversión a la pérdida es el de los taxistas en la ciudad de Nueva York que pagan un alquiler fijo por el uso de un vehículo. La estrategia utilizada es trabajar más horas durante los días de alta demanda y menos durante los de baja demanda. Sin embargo, si evaluaran cada día en forma independiente y compararan los ingresos con un estándar, podrían descubrir que les conviene trabajar más horas en los días de baja demanda.

Estas investigaciones demuestran con claridad que los humanos no somos totalmente racionales en la toma de decisiones[8]. Nuestro cerebro busca continuamente patrones con significado, incluso donde no los hay, y esta característica nos puede llevar a concepciones erróneas sobre la realidad.

Dado que las ganancias y las pérdidas son valoradas en forma diferente a nivel neurológico, el neuromarketing puede trabajar para que una compra sea percibida como una ganancia.

Veamos un ejemplo hipotético:

La boutique A vende una prenda a 140 euros y otorga un 10 por ciento de descuento al cliente que pague en efectivo. La boutique B vende la misma prenda a 120 euros, pero cobra un recargo del 5 por ciento si el cliente decide comprarla a crédito.

En ambos casos, el cliente pagará exactamente lo mismo: 126 euros; sin embargo, la mayoría opta por la boutique A debido a que *percibe que el coste de comprar con descuento es inferior al de comprar con recargo.*

Como vemos, la percepción de la pérdida como dolorosa (aunque no sea real) es más potente que la percepción de la ganancia. Ello impide a los clientes darse cuenta de que, en términos monetarios, en ambos casos pagarían lo mismo.

En un experimento reciente, un profesor de Economía del California Institute of Technology, Peter L. Bossaerts, descubrió que el cerebro evalúa los riesgos y las ganancias por separado (en vez de hacer un solo cálculo). Durante las investigaciones, se pudo ver en pantalla la manera en que los participantes segmentaban sus elecciones en distintos sectores de su cerebro.

La utilidad de estos avances para la definición de una estrategia de precios es, precisamente, el argumento de que existen diferentes maneras de considerar las mismas transacciones y que cada una de ellas implica un comportamiento diferente. Al poder predecir ese comportamiento, las empresas pueden encontrar el modo psicológico de disminuir la percepción de pérdida o riesgo y aumentar la de ganancia.

Se espera que el neuromarketing avance a grandes pasos a medida que la tecnología permita a los investigadores en neurociencias identificar más regiones del cerebro y analizar lo que ocurre con más precisión y a un coste más bajo.

1.4. El efecto de inequidad: los costes de un precio percibido como injusto

Desde diferentes disciplinas (la psicología, la neuropsicología y el neuromarketing) se ha podido comprobar algo que los especialistas en el tema hemos afirmado desde hace décadas: **los clientes son más sensibles al precio cuando este se ubica fuera de lo que perciben como justo o razonable.**

Las investigaciones de Daniel Kahneman[9] y sus colaboradores nos permiten hallar ejemplos muy interesantes para ilustrar qué ocurre cuando el precio es percibido como injusto y qué se puede hacer para modificar esta percepción (ver destacado).

Precios percibidos como injustos.

El experimento de Daniel Kahneman

El equipo de Kahneman pidió a los encuestados que calificaran la actitud comercial de un negocio minorista que, tras una nevada, subió el precio de las palas para quitar la nieve de 15 a 20 dólares. El 82% de los participantes consideró esta acción como injusta o muy injusta.

Luego, los investigadores sustituyeron los términos "justo" por "aceptable" e "injusto" por "inaceptable", y añadieron una frase adicional al narrar la situación hipotética diseñada originalmente por Kahneman: "La ferretería fijó este precio para evitar que se agotara el stock y, de este modo, satisfacer la demanda de sus clientes, ya que otro negocio idéntico había elevado el precio a 20 dólares."

En este segundo experimento solo el 32% calificó la acción de la ferretería como injusta o muy injusta.

De todos modos, ¿para qué correr semejante riesgo? Por un lado, es imposible borrar el impacto de una primera mala impresión. Por otro, hacerlo cuesta tiempo y dinero. Y si a esto sumamos que los resultados son poco satisfactorios (un 32% es un porcentaje alto)... ¿qué sentido tiene?

Además del experimento de Kahneman, se han emprendido una gran cantidad de investigaciones que arrojan resultados muy interesantes sobre este tema (ver destacado[10]).

Durante un experimento en el que se utilizó un resonador magnético funcional, las imágenes mostraron que, frente a la percepción de injusticia, se activaba una zona cerebral que se asocia con el disgusto (la ínsula) y se comprobó que hay personas capaces de sacrificar beneficios cuando consideran que una oferta es injusta o inmoral.

Los participantes prefirieron privarse de la obtención de ganancias antes de aceptar propuestas que consideraron desleales, revelando que no solo las emociones, sino también la moral, pueden poner en jaque algunos paradigmas que la economía clásica ha defendido a ultranza.

Por ejemplo, se ha comprobado que la percepción de un precio como excesivo *desactiva la región relacionada con la intención de compra* y que ello provoca una inmediata repercusión en el siguiente circuito, que refleja la acción efectiva de adquirir el producto o servicio.

Para suministrar mayor claridad al lector sobre la forma en que se realizan estas investigaciones, ilustramos con un conjunto de imágenes en las que se puede ver cómo se ubican estos circuitos en el cerebro.

Cuando el precio es percibido como excesivo, se activa la ínsula (recordemos que es el centro asociado con el disgusto, tanto de origen físico como emocional).

Circuito implicado en el procesamiento de precios excesivos

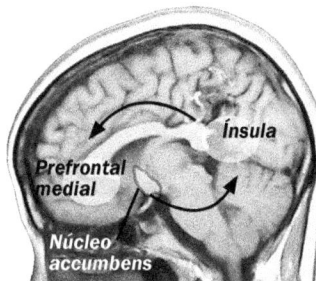

Esta activación incide, a su vez, en la activación/desactivación de la corteza prefrontal medial, implicada en la integración de pérdida y ganancia, con lo cual la decisión de comprar no se produce.

Cuando la sensación es inversa, ya sea porque el precio es percibido como conveniente o está asociado a otro tipo de satisfacción, se activa el núcleo accumbens (recordemos que esta zona está asociada con el sistema de recompensa, placer y apego). Esta activación refleja que existe predisposición a la compra.

Circuito implicado en la decisión de compra

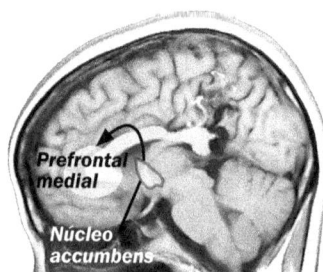

Como vemos, las neuroimágenes son sumamente efectivas para predecir la conducta del cliente ya que, subrayamos una vez más, no siempre dicen lo que verdaderamente piensan sobre un producto o su precio y ello no se debe, en la mayor parte de los casos, a razones de tipo intencional, sino más bien al desconocimiento de sus propios procesos internos.

2. Los descubrimientos de la neuroeconomía en la investigación sobre precios

Para cerrar este capítulo y, a su vez, suministrar al lector los fundamentos empíricos de muchos conceptos que hemos abordado, dedicaremos un apartado especial a la neuroeconomía y sus investigaciones.

Comenzaremos por explicar que esta nueva ciencia, surgida también como resultado de los avances que se generaron en la "década del cerebro", cuestiona conceptos que sirvieron durante años para explicar la conducta del comprador.

El más importante de estos cuestionamientos tiene que ver con el principio de utilidad esperada, según el cual una persona enfrentada a una situación de incertidumbre ordenará los posibles resultados de su acción según los valores esperados y las probabilidades de que se produzca el acontecimiento.

En este marco, la utilidad se considera el atributo por el cual el producto es capaz de satisfacer necesidades o deseos, y el valor económico se refiere a la medida cuantitativa de la capacidad de intercambio relativo del producto con respecto a otros, por ejemplo, cuántas motocicletas vale un automóvil.

Con este criterio, el precio es el valor de los productos expresado en términos monetarios y relativos. Sin embargo, ya no hay dudas de que la conducta humana está bastante alejada de lo que se concibe como racionalidad: siempre subyace un conjunto de motivos predominantemente metaconscientes en las decisiones de consumo y ello se manifiesta prácticamente en todos los experimentos realizados por la neuroeconomía. Veamos algunos de ellos.

Neuroeconomía aplicada: el juego del ultimátum[11]

En un experimento realizado por Sanfey y Cohens, en el que treinta personas conectadas a equipos de registro de actividad neurológica participaron en el *ultimate game,* se observó que determinadas regiones del cerebro se activaron de manera desproporcionada cuando los sujetos recibieron ofertas "injustas" de otras personas, en comparación con lo que ocurría con las ofertas "justas", y con todas las ofertas –justas e injustas– procedentes de un ordenador.

Esta activación desproporcionada de una región cerebral estaba correlacionada con la decisión de rechazar las ofertas injustas, lo que demostraría que *no existe una base puramente racional en la toma de decisiones económicas* y, más aun, que *los elementos de índole emocional son los que predominan.*

La teoría económica que, como vimos, contempla a los sujetos como seres racionales, predice que, en este juego, el primer jugador debería proponer una oferta menor y el segundo la aceptaría porque maximizaría la cantidad de dinero que se llevaría.

....

La neuroeconomía ha generado un conjunto de investigaciones cuyos resultados ponen en tela de juicio los postulados de la economia clásica sobre la capacidad del hombre para razonar y planificar de manera lógica todas sus decisiones vinculadas con el consumo.

....

Sin embargo, la mayoría de los primeros jugadores ofreció la mitad del dinero y la mayoría de los segundos la rechazó.

Con este tipo de experimentos, la neuroeconomía continúa reuniendo datos empíricos que le permiten derrumbar los modelos clásicos sobre el proceso de toma de decisiones del consumidor.

Día a día se comprueba que el precio, al igual que el resto de las variables del *mix* de marketing, se configura como una característica simbólica relacionada con el producto, incluida la satisfacción de las necesidades y deseos. Por lo tanto, todos los aspectos que analizamos al abordar el tema de la conducta ante el consumo son aplicables a esta variable, ya que el precio se constituye en un satisfactor más desde el momento que también activa los mecanismos cerebrales de recompensa.

Cómo crear vínculos con el cliente a través de los canales de marketing

1. De canales de distribución a canales de comunicación con el cliente

Hace unos años, la gestión de canales comprendía una serie de actividades interrelacionadas cuya principal misión consistía en conectar a las empresas con su mercado objetivo mediante redes por las que fluían los productos desde su lugar de origen hacia los locales de venta o centros de consumo. En esa época se hablaba de "canales de distribución".

Posteriormente, cuando además de las funciones operativas y de traslado (logísticas) los miembros del canal comenzaron a implementar acciones en pos de la impulsión de productos mediante un conjunto de innovaciones, entre ellas, las campañas compartidas de comunicaciones, comenzamos a denominarlos "canales de comercialización".

Sin embargo, ambos conceptos llevaron a muchas empresas a estudiar solo los aspectos relativos a la intermediación –como las funciones de los miembros del canal, la forma de resolver los conflictos que pudieran presentarse o las acciones compartidas de publicidad y promociones–, con lo cual se continuaba otorgando un papel completamente pasivo al cliente, que era considerado el último eslabón de la cadena.

Posteriormente, cuando se observó que el *self service,* la compra paseo y la búsqueda y aprovisionamiento por Internet no eran una moda, sino un estilo que permanecía y se iba consolidando en el tiempo, las organizaciones comenzaron a prestar mucha atención a las preferencias del cliente para lograr su satisfacción y nosotros decidimos denominarlos "canales de marketing".

....

En la era del neuromarketing los canales han dado un salto cualitativo importante.

Lo que antes se reducía a lo meramente logístico y operativo, hoy tiene dos grandes objetivos:

• Atraer a los clientes.

• Estimular a los clientes.

....

Ante el impacto de los cambios socioculturales, impulsados, en parte, por el avance tecnológico, las empresas comenzaron a trabajar mucho más allá de la fábrica: era necesario estudiar la conducta del cliente para lograr que este eligiera el producto propio en un punto de venta, esto es, para que lo visualizara rápidamente y lo pusiera en su carrito.

Por su parte, los minoristas[1], impulsados por el avance de sus propios competidores, se vieron obligados a ir mucho más allá de la clásica gestión del lineal[2] y focalizaron su atención en aspectos sensoriales, como la decoración del local, el tipo de luz, la mejor forma de exhibir los productos en góndola, la música, los aromas, esto es, en todos los estímulos necesarios para que un cliente permanezca más tiempo en el local, disfrute de su compra y regrese.

Y si bien durante varios años se utilizaron elementos para generar experiencias placenteras durante la compra, algunos de ellos muy estudiados por terapias basadas en los sentidos –como la musicoterapia, la aromaterapia y la cromoterapia–, con el surgimiento del neuromarketing las investigaciones para conocer las preferencias sensoriales de las personas comenzaron a multiplicarse.

....

Como clientes, casi todos le compramos a "alguien" en "determinado lugar", y los significados relacionados con el lugar dónde compramos revelan que el contexto moldea no solo nuestra conducta ante el aprovisionamiento, sino también nuestras opciones.
Esto explica por qué el foco de atención de los fabricantes está concentrado en los locales minoristas: cuando un cliente extiende la mano hacia la góndola y elige el producto propio se revela el resultado de todos los esfuerzos realizados.

....

A este gran aporte se están sumando en la actualidad los avances en la antropología de los sentidos[3] y los de la neuropsicología. Esta última suministra el soporte explicativo de los procesos metaconscientes involucrados en la generación y construcción de significados asociados a las experiencias de compra.

En el caso del producto en sí, que al estar colocado en una góndola debe venderse solo, el gran protagonista es el *packaging.* Se estima que, durante el recorrido de un hipermercado, una persona pasa la vista por aproximadamente 300 artículos por minuto. Por ello, el *pack* debe llamar la atención y contribuir al reconocimiento de la marca. Si está mal diseñado puede convertirse en un lastre, ya que el cliente no lo ve o tiende a descartar el producto, por más que sea bueno.

Por ejemplo, elegimos una marca de cereales porque pensamos que tiene mejor sabor que la que vende la competencia, lo cual puede ser objetivamente verdadero. Sin embargo, más peso podría tener el mensaje que transmite la caja, que nos muestra un elegante chalet colonial y un molino emplazados en una agradable pradera.

La gráfica siguiente sintetiza los conceptos que venimos elaborando hasta aquí:

....

Enfoque tradicional	fabricantes ➜ mayoristas ➜ minoristas ➜ cliente

Canales de distribución ➜ Canales de comercialización

ENFOQUE DEL NEUROMARKETING

CANALES DE MARKETING

cliente ➜ minoristas ➜ mayoristas ➜ fabricantes

Los canales deben ser concebidos como un proceso de comunicación que, al igual que el producto y el precio, tiene como punto de partida el estudio de las necesidades, deseos y percepciones del cliente.

La investigación de los procesos neurocognitivos y sensoriales es el primer paso para alcanzar este objetivo y diseñar estrategias para seducir al cliente.

Que elija el producto propio	Que disfrute de su permanencia en el local, compre y regrese

Objetivo del fabricante	Objetivo del minorista

Estrategias compartidas

....

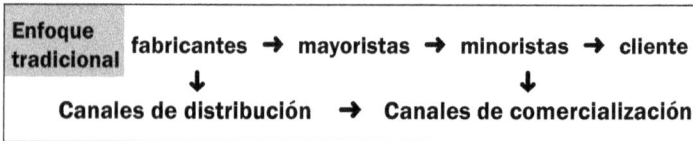

La aplicación del meuromarketing a la estrategia de canales es crucial para avanzar en el conocimiento sobre cómo percibimos, integramos, memorizamos y evocamos información; explorar de qué modo y en qué procesos puede intervenir la tecnología para mejorar la gestión, y descubrir en qué aspectos se deberá hacer hincapié para optimizar la satisfacción del cliente.

1.1. Mensajes en el punto de venta: el problema de la saturación

Sumando los aportes de la neuropsicología, el comportamiento de las personas frente a la adquisición de productos y servicios puede definirse como relativamente complejo debido a que casi siempre existe una especie de estado de ansiedad (que prácticamente no se registra en el plano consciente) cuando deben elegir dónde, qué, cuánto y cuándo comprar. En gran parte, este fenómeno se debe al bombardeo de mensajes (que supera la capacidad cerebral de procesarlos).

Para evaluar opciones sobre puntos de venta, ofertas especiales, distancias a recorrer y, sobre todo, evitar la culpa de tomar una decisión equivocada, los procesos de pensamiento se focalizan en recuperar y ordenar tanta información que la deliberación interna para conectar nuestras necesidades con un punto de venta se hace cada vez más complicada.

Tanto las compras como la búsqueda previa de información por Internet constituyen una de las innovaciones más importantes de las últimas décadas, y es impulsada no solamente por las preferencias del cliente, sino también por los avances en microelectrónica, informática y telecomunicaciones, entre otros.

Como resultado, se ha generado una competencia de tal magnitud que uno de los temas más estudiados por el neuromarketing tiene que ver con las respuestas cerebrales que se van generando mientras un individuo procesa los distintos estímulos que recibe al navegar por un sitio web.

Si a esto sumamos que aproximadamente un 40% de las compras se resuelve en el comercio y cerca del 25% durante el proceso de búsqueda por Internet (donde también hay un mundo de tentaciones), nos damos cuenta de que la piedra angular de muchos negocios está, precisamente, en el diseño de una estrategia de canales que haga visible los productos de la compañía ante los ojos del cliente y que, al mismo tiempo, se comprometa en garantizar su satisfacción con el lugar o el sitio que elija para adquirirlos.

De hecho, si los locales actuales no implementan estrategias para evitar la saturación, que, entre otros efectos muy negativos, provoca cansancio, es posible que aumenten las ventas por Internet más allá de lo esperado.

Ello otorgaría la razón a quienes auguran que el gran negocio del futuro será un servicio virtual con alta capacidad y velocidad de información, apoyado por un depósito y un sistema eficiente de envío a domicilio.

Si bien reconocemos que el fenómeno de la saturación y la falta de tiempo puede dejar obsoletos algunos formatos, porque cada día son más las personas que buscan y adquieren lo que necesitan por Internet (o eligen ir a un punto de venta después de seleccionarlo por la Web), la simple observación de la conducta de los clientes nos permite afirmar que hay muchos que difícilmente renuncian al placer de disfrutar de ese mundo mágico que les ofrecen los shoppings y los hipermercados, donde una compra se disfruta como cualquier otro tipo de esparcimiento.

Por ello, e independientemente de que, ante el fenómeno del cansancio, muchos minoristas han incorporado pequeños y atractivos bares dentro de los espacios asignados al lineal, se hace necesario sumar conocimientos sobre la forma en que se realiza el procesamiento sensorial de la información para poder hallar las estrategias más adecuadas, tanto en materia de exhibición de productos como en comunicaciones.

1.2. Venta minorista: la importancia de conocer el funcionamiento de los sistemas de memoria

La memoria, que además de información sobre el medio ambiente en el que vivimos y nuestra propia historia incluye un conjunto de habilidades, como la de comunicarnos con los demás, conducir o jugar al golf, determina cómo actuamos como consumidores.

Puede decirse que va estructurando nuestro comportamiento, esto es, la forma en que responderemos ante los estímulos que se nos vayan presentando.

....

Durante nuestra permanencia en un local vamos incorporando infinidad de estímulos sin realizar ningún tipo de esfuerzo de retención.

Excepto que nos detengamos a apuntar algo en un papel, como el precio de un conjunto de productos que nos proponemos comparar con los de otra cadena, la información pasa a nuestros almacenes de memoria como un proceso natural que registra, tanto en forma consciente como metaconsciente, todos los datos que alcanzan un determinado umbral de significación.

De este modo, los elementos de diseño, el *pack* de los productos, el rostro de la cajera, la amabilidad de un encargado, los sonidos de la música de fondo, el aroma, las ofertas especiales, en definitiva, una infinidad de información va ingresando a nuestro almacén de recuerdos junto a la experiencia que estamos viviendo y las emociones que vamos experimentando.

Por ejemplo, Burger King incorporó para sus locales un odotipo[4] que emana un leve aroma a carne a la parrilla, una estrategia muy acertada, por cierto, ya que los olores, además de influir en la experiencia de compra, tienen un rol decisivo en la fijación de los recuerdos sobre la marca (en el momento en que se escribe esta obra, las empresas más importantes están desarrollando su propio aroma corporativo).

A medida que avancemos en la lectura del presente capítulo comprenderemos por qué, además del aroma, deben incorporarse múltiples entradas sensoriales (vista, tacto, oído, gusto) que doten de significados positivos la experiencia del cliente y la conviertan en un acto vivencial que potencie los procesos de fijación de los recuerdos, ya que a través de los sentidos se pueden fijar emociones e imágenes mentales en la memoria, creando una asociación directa con la marca. La gráfica siguiente sintetiza los principales tipos de memoria que estudia

el neuromarketing en el ámbito de la venta minorista, cuyas implican-
cias iremos viendo a medida que avancemos en los demás temas.

Los estímulos sensoriales se archivan en el cerebro mediante distintos tipos de memoria:

El conocimiento sobre los sistemas de memoria es necesario para crear estrategias compatibles con la modalidad de funcionamiento del cerebro.

Episódica
Almacena recuerdos vivenciales y autobiográficos.

Cuando la experiencia del cliente es positiva, se fortalecen las conexiones neuronales, generando un vínculo con la marca.

Semántica
Almacena el significado de las palabras.

Hay marcas que evocan un conjunto de significados tan poderosos que nos llevan a recorrer un supermercado completo para encontrarlas.

Emocional
Actúa como un potente fijador de los recuerdos que tienen valencias afectivas.

Es una de las principales fuerzas que actúan sobre los procesos cerebrales y, consecuentemente, sobre nuestra conducta. Esto exige estudiar a fondo el conjunto de estímulos emocionales que garanticen una experiencia positiva y poner especialmente el foco en aquellos que podrían actuar en sentido contrario.

Priming
Se activa en reconocimiento a estímulos previamente presentados.

Como funciona más allá de la esfera de la conciencia y guía los procesos de atención, puede ejercer un poder muy significativo sobre las decisiones del cliente.

Prospectiva
Permite recordar lo que aún no hemos hecho, pero deseamos hacer

Al estar relacionada con la planificación, qué y dónde comprar, exige fortalecer las campañas de comunicaciones en los días pico, por ejemplo, mediante la publicidad en diarios los fines de semana, ya que este sistema es muy vulnerable a las interferencias.

Condicionada
Refiere a un hábito establecido a partir de las recompensas o castigos que recibimos en virtud de nuestra conducta.

La recompensa se relaciona con la capacidad de un local para satisfacer los requerimientos del cliente y, a su vez, sorprenderlo en forma grata. El castigo opera en sentido contrario: una sola experiencia desagradable puede alejarlo para siempre.

Procedural
Es de carácter automático o reflejo. Depende de la repetición y es muy resistente.

Este sistema es el que nos permite realizar compras de manera casi automática, una vez que un proceso ha tomado la forma de hábito. Por ello, parte de la estrategia del marketing minorista consiste en cambiar con cierta frecuencia la distribución en góndolas para que el cliente recorra el local y entre en contacto con todos los productos que están a la venta.

Por último, cabe destacar que el sistema atencional, del cual depende significativamente la memoria, tiene asiento anatómico en la corteza prefrontal del cerebro y se encuentra conectado con estructuras del sistema límbico, responsables de la motivación y el procesamiento de las emociones.

Estos conocimientos, tomados de las neurociencias, explican por qué es tan importante lograr que un punto de venta se convierta en una especie de contexto emocional. Sin duda, la información relacionada con la marca de la cadena se alojará con mayor facilidad en la memoria de largo plazo cuando existan componentes afectivos, logrando de este modo que el cliente la evoque rápidamente cuando tenga que elegir el lugar donde comprar.

2. Neuromarketing sensorial: aplicaciones a la estrategia de canales

El éxito de un negocio depende de los atractivos que seamos capaces de desencadenar, por lo que cuanto mayor sea el número de sentidos a los que podamos llegar en forma positiva, mayor será la posibilidad de seducir al cliente para impulsar las compras por placer.

Por ejemplo, cada vez que una persona entra a un local, como los de Falabella, Carrefour o El Corte Inglés, accede a un gran escenario compuesto por innumerables tentaciones.

....

Negocios minoristas.

Un mundo de sensaciones

....

- Más de dos tercios de las decisiones de compra se toman a partir de sensaciones subjetivas difíciles de racionalizar.
- Estas sensaciones están directamente relacionadas con los estímulos sensoriales que se activan durante los momentos de compra.

- El estudio del gusto, la vista, el olfato, la audición y el tacto es un aspecto determinante para impulsar las ventas.

....

Casi todo le recuerda lo que no tiene en su casa o lo que podría comprar para cambiar lo viejo por lo nuevo: un televisor con pantalla plana, un microondas más moderno o una vajilla completa que reemplace a la que está cansada de utilizar.

Mientras observa las islas, las góndolas, los exhibidores con ofertas especiales, recorre un ámbito donde no hay relojes que le recuerden la hora, donde la temperatura se mantiene siempre a un nivel agradable, los alimentos están presentados de manera que parecen más ricos, los platos, las fuentes y las tazas lucen como si fueran una belleza y las imágenes de los televisores se parecen cada vez más a las del cine. En todas estas estrategias subyace el objetivo de generar un estado de ánimo positivo.

....

Los clientes que están de buen humor son más receptivos a las ofertas, las tentaciones y todos los aspectos que los conectan positivamente tanto con los productos como con los servicios que reciben.

Como muchas veces el buen humor procede de la interacción de un individuo con acontecimientos externos, puede ser provocado por la estrategia del minorista mediante un conjunto de estímulos neurosensoriales cuidadosamente estudiados.

....

Esto último es muy importante ya que, si bien todo negocio debe tener el doble objetivo de satisfacer al cliente y ser rentable, el estado de ánimo puede afectar el comportamiento llevando a una persona a permanecer más tiempo en la búsqueda y selección de productos cuando está en un local o, a la inversa, a retirarse lo antes posible.

Por ello, el neuromarketing sensorial apunta a determinar cuáles son los estímulos que pueden afectar la conducta de compra tanto en forma positiva como negativa, y lo hace mediante la implementación de investigaciones que apunten a conocer no solo cómo funcionan los mecanismos perceptuales y emocionales, sino también cómo interactúan varias funciones cognitivas para lograr que un negocio se convierta también en un *lugar de referencia*.

Por ejemplo, el poder de la marca El Corte Inglés no radica en la variedad ni en los precios que ofrece, sino en el conjunto de asociaciones mentales positivas que relacionan este canal de venta minorista con conceptos, valores y emociones en el cerebro del cliente.

Se espera que, con ayuda de la neuropsicología moderna, las empresas puedan trabajar con mayor profundidad para indagar no solo los mecanismos emocionales que hacen que los integrantes de un *target* determinado elijan un lugar para comprar y descarten otros, sino también para entender qué aspectos son portadores de comodidad, confort y placer para que los clientes disfruten y, sobre todo, compren cuando se encuentren en un punto de venta.

....

Al igual que un producto, un canal de ventas también debe construirse en el cerebro del cliente como un conjunto de beneficios.
Esto exige estudiar en profundidad el tipo de estímulos sensoriales que están presentes y cómo estos pueden influir tanto en el posicionamiento de la marca como en la experiencia de compra.

....

Cuando los eventos sensoriales son positivos o se repiten, aumenta la capacidad de almacenamiento de la memoria por un efecto conocido como potenciación a largo plazo, de manera tal que es probable que una experiencia satisfactoria sea recordada con mayor facilidad en el futuro.

2.1. *Merchandising:* implicación de los sentidos en el diseño de estrategias

La mayoría de la gente, cuando se habla de merchandising, piensa en llaveros, billeteras, sombreritos, relojes y todo tipo de objetos con el logo de una empresa que se ofrecen como obsequio. Otros agregan a este concepto el de promociones en el punto de venta, tales como degustaciones, exhibiciones especiales, entre otras.

Sin embargo, el término *merchandising* implica mucho más que eso, ya que alude a *todas las estrategias dirigidas a impulsar las compras dentro del punto de venta* e involucra tanto a los fabricantes como a los dueños de los negocios minoristas, por lo que constituye uno de los campos más fértiles para implementar acciones de neuromarketing.

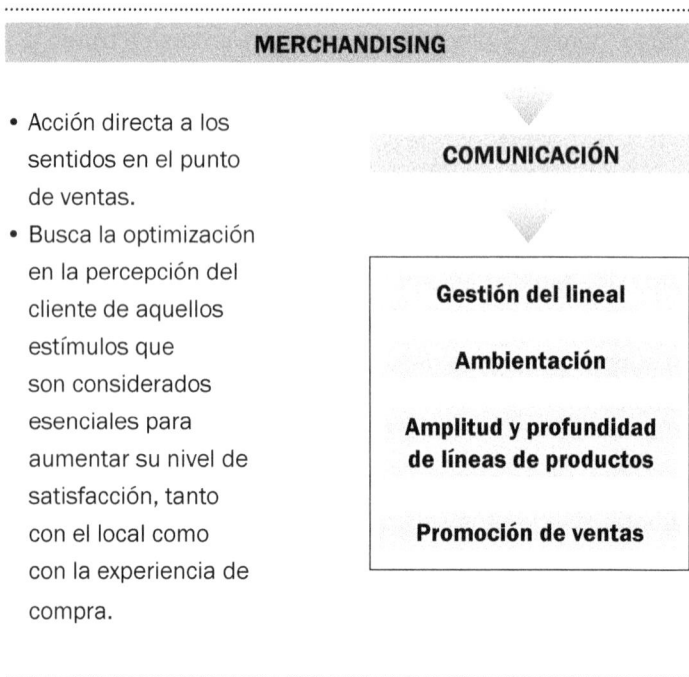

MERCHANDISING

- Acción directa a los sentidos en el punto de ventas.
- Busca la optimización en la percepción del cliente de aquellos estímulos que son considerados esenciales para aumentar su nivel de satisfacción, tanto con el local como con la experiencia de compra.

COMUNICACIÓN

Gestión del lineal

Ambientación

Amplitud y profundidad de líneas de productos

Promoción de ventas

2.2. La gestión del lineal como variable estratégica

Aproximadamente un 40% de las compras se resuelven en el comercio.

Para captar el foco atencional del cliente y llevarlo a visualizar los productos que no tenía planificado comprar, es de gran utilidad trabajar sobre colores y contrastes.

Como la percepción de los colores se procesa antes que la percepción de las formas, una presentación estudiada en materia de colores garantiza que un producto no sea ignorado.

Si bien la vista es el sentido que más utilizamos cuando estamos eligiendo lo que vamos a comprar, y por eso se estudian particularmente todos los aspectos relacionados con este tipo de percepción, también el oído (sonidos), el olfato (aromas) y el cuerpo (tacto y sensaciones somato-sensoriales) registran un conjunto de estímulos que determinan nuestra experiencia en un negocio minorista e impactan en su posicionamiento.

Por ello, la distribución y exhibición de productos debe ser cuidadosamente estudiada, ya que, del mismo modo que algunos estímulos favorecen la predisposición del cliente para comprar, otros actúan en sentido contrario y, en la mayoría de los casos, estos registros se realizan en el plano no consciente.

Veamos un caso concreto que tiene que ver con las emociones básicas más estudiadas por el neuromarketing, que son el miedo, la ira, la tristeza, la felicidad y el asco.

Tal vez esta última llame la atención del lector, pero es sumamente importante, especialmente en el "supermercadismo", donde algunos descuidos impactan en forma muy negativa en la conducta del cliente.

No estamos hablando aquí de estímulos evidentes, como el aroma desagradable de un líquido para coches derramado en un pasillo, sino de aquellos que es difícil detectar a simple vista, como la ubicación en góndola de productos cuya cercanía genera rechazo a nivel no consciente. Veamos un caso.

....

Neuromarkerting aplicado.

Cuando determinadas ubicaciones conspiran contra las ventas
....

La evaluación de agrado o desagrado puede estar condicionada por el contacto de un producto con otro que genera repulsión[5]. Entre los productos que generan repulsión se detectaron las bolsas de basura, los alimentos para perros y los pañales.

A nivel neurológico, la sensación de asco se manifiesta mediante la activación de un neurocircuito comandado por una zona cerebral denominada "ínsula", que determina la correspondiente respuesta de rechazo.

La sensación de asco estuvo presente ante productos alimenticios que estaban ubicados cerca de otros considerados repugnantes.

Esta sensación, provocada por una especie de contagio por asociación visual (en un primer momento), determinó la evaluación de estos alimentos como menos atractivos con relación a otros que mantenían cierta distancia con los productos considerados desagradables.

....

Esto significa, en el contexto del neuromarketing, que es necesario mantener la ínsula fuera de los estímulos que provocan su activación para atenuar sus efectos negativos. Para ello, es necesario continuar con las investigaciones, por ejemplo, en supermercados simulados. Ello permitirá detectar cuáles son los productos considerados indeseables y determinar cuál debe ser la mejor ubicación, teniendo presente que, aun cuando a nivel no consciente provoquen rechazo, el cliente recorrerá el comercio para encontrarlos ya que casi todos son de compra necesaria.

Por último, recordemos que aproximadamente dos tercios de los estímulos llegan al cerebro a través del sistema visual y que uno solo puede desencadenar un conjunto de pensamientos relaciona-dos. Por ejemplo, a la inversa de lo que ocurre con la contaminación negativa de la que hablamos, la actividad neuronal estimulada por la exhibición atractiva de los frutos de mar puede generar la evocación de la imagen de un vino exquisito para acompañarlos.

Esto explica por qué, a la inversa del caso que analizamos, los productos que se colocan en los exhibidores deben tener cerca a los complementarios. De este modo se evita que el cliente tenga que ocuparse de recorrer el local para encontrarlos o, peor aun, que se olvide de comprarlos.

En cuanto a los avances relacionados con el contagio negativo, estos deben ser tenidos en cuenta, además, en las promociones que se realicen dentro del comercio, en las ventas por televisión y en la publicidad, ya que la asociación entre aspectos agradables y des-agradables posee el mismo efecto debido a que el cerebro tiende a asociar los estímulos que se le presentan generando categorías o rótulos donde integra distintos significados (experiencias previas, sentimientos, sensaciones, recuerdos, pensamientos, entre otros).

Neuromarketing aplicado a la gestión de lineal

La cercanía de un producto que provoca repulsión genera un efec-to de contagio a nivel no consciente.

Ello exige:
1. Detectar todos los productos que generan repulsión median-te una muestra representativa.
2. Estudiar cuidadosamente su ex-hibición en góndolas.

Como vemos, la ubicación espacial de los productos, *dispensers,* góndolas, exhibidores especiales y ámbitos de prestación de servicios asociados debe ser cuidadosamente estudiada, entre otros motivos porque de ella depende que el cliente circule por todo el local. Este hecho también ha dado lugar a estudios para determinar cuál es el sector de flujo natural de las personas cuando penetran en el punto de venta.

Por ejemplo, ha sido comprobado que el ser humano tiende a girar en sentido contrario a las agujas del reloj cuando entra en un lugar, y hay quienes relacionan esta tendencia con el hecho de que, a nivel no consciente, la mayoría de las personas asocian el futuro con la derecha y el pasado con la izquierda.

El 97% de las personas asocian el futuro con la derecha y el pasado con la izquierda, en forma no consciente.

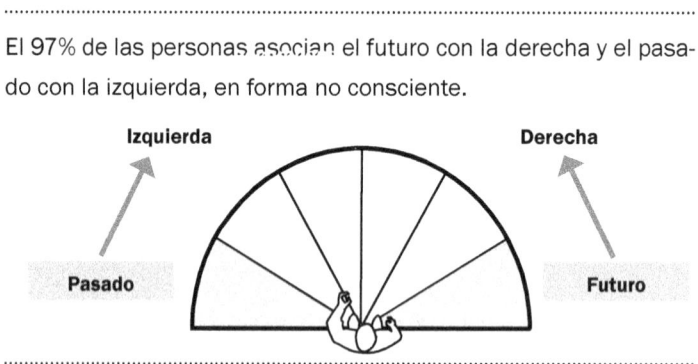

Independientemente del origen de los motivos, lo cierto es que los experimentos realizados con métodos sencillos de observación así lo demuestran. Por ello, en la zona cercana a la entrada ubicada a la derecha, que se denomina *zona caliente,* se exhiben muchos de los productos que tienen potencial para desencadenar la compra por impulso ya que el cliente seguramente transitará por ella.

El resto del local pasa a ser una *zona fría,* por lo que es necesario colocar allí los productos de compra necesaria, como los lácteos o los panes, para lograr que la visite.

2.3. Gestión de productos, implicación de la amplitud y profundidad de líneas en la percepción sensorial

La gestión de productos es una variable estratégica estrechamente relacionada con el posicionamiento, ya que supone la definición de la cantidad de líneas que se venderán (amplitud) y la cantidad de artículos que se comercializarán dentro de cada línea (profundidad). Si bien la variedad es parte de la estrategia para atraer a un segmento específico del mercado, como lo hace Jumbo, es tanta la información que el cliente debe captar mientras circula que gran parte de esta se pierde.

Cuando cantidad de productos por línea es excesiva, se limita la capacidad para llamar la atención del cliente y se acelera el proceso de cansancio provocado por el fenómeno de la saturación.

Por ejemplo, si usted intenta recordar aquella vez que, estando en un hipermercado, le parecía que todos los productos que se fabrican estaban exhibidos en las góndolas, seguramente comprenderá este concepto. De hecho, tener que elegir entre veinte marcas de cereales, incluyendo sus variedades, es un proceso agotador.

Ante esta complejidad, el cerebro recurre a atajos cognitivos con el objetivo de optimizar el proceso de toma de decisiones. Por ello, los supermercadistas deberían escuchar los consejos de un famoso especialista en la teoría matemática de la comunicación, Claude Shannon, quien sostenía que *la cantidad ideal de información de un mensaje debe ser equivalente a su capacidad para sorprendernos.*

En síntesis:

....

Como la capacidad de atención es limitada, la gestión de productos debe encontrar un punto de equilibrio entre el posicionamiento deseado (atraer a los clientes sensibles al beneficio de la variedad, como ocurre con el supermercado Jumbo) y lo posible de ser percibido por el cerebro humano.

El sistema neuronal no sólo transmite, sino que también "simplifica" las señales que recibe por los sentidos.

Como lo redundante aburre, el cerebro tiende naturalmente a ignorarlo.

Así, dejamos de ver, oír, sentir, tocar o saborear una parte significativa del ámbito que nos rodea.

Este fenómeno se conoce como indiferencia sensorial y el neuromarketing proporciona los recursos para evitarlo.

....

2.4. La ambientación. Cómo crear un clima especial en un punto de venta

....

La música, los colores, la decoración, los aromas, la amabilidad de los empleados, el orden, la limpieza y cualquier otro aspecto que impacte en los sistemas sensoriales deben ser cuidadosamente estudiados para que el cliente disfrute de su compra sin notar el paso del tiempo.

....

La *ambientación* consiste en la generación de espacios atractivos para que el cliente disfrute de su compra y permanezca el mayor tiempo posible en el punto de venta.

En este sentido, las posibilidades de generación de estímulos agradables parecen tener como único límite la creatividad humana.

Sin embargo, y dadas las características del fenómeno que estamos abordando, para que una estrategia sea efectiva debe ser compatible con la modalidad del funcionamiento del cerebro. Por lo tanto, un local también debe proveer estímulos que se transporten a través de los diferentes sentidos.

En el ámbito minorista, algunos estímulos son evidentes, como la puesta en escena de una promoción, pero otros son muy sutiles y se procesan de manera metaconsciente, tal como vimos al analizar el efecto de contagio que genera la exhibición cercana de determinados productos.

En este apartado nos concentraremos en analizar los aspectos neurosensoriales, es decir, cómo deben estudiarse los aromas, la disposición, los colores, los sonidos y la decoración para generar sensaciones placenteras. Para ello, saldremos del ámbito del "supermercadismo" para concentrarnos en un caso más complejo, como es el de la comercialización de intangibles (servicios de cobertura de riesgos).

Cómo lograr un impacto neurosensorial.
El caso de La Segunda Seguros Generales[6]

El objetivo principal de la empresa era lograr que sus clientes, en cuanto traspasaran el umbral de sus locales de atención, y antes de ser abordados por un vendedor, tuvieran una predisposición favorable a la compra. El objetivo secundario (no por ello menos importante) era lograr un impacto neurosensorial que fuera acorde con la estrategia de posicionamiento de la empresa (imagen corporativa institucional).

El trabajo comenzó con la selección de una muestra representativa de clientes de la zona geográfica bajo estudio (segmentada por edad y nivel socioeconómico), para analizar su perfil neurosensorial. Posteriormente (en función de los datos obtenidos), se definieron, además de la decoración de los locales, un odotipo (aroma), un sonotipo (música y sonido), un gustotipo (elementos tales como café y dulces) y un tactotipo (características del material de escritorios y otros elementos)[7]. Partiendo de la premisa de que la mayor parte de los procesos cerebrales vinculados con las sensaciones preceden a la toma de conciencia sobre estas, para recolectar los datos se utilizó como técnica el *rastreador de indicios metaconscientes* (RIM)[8]. Tal como se desprende de la gráfica siguiente, y partiendo del soporte metodológico y explicativo de la neuropsicología, una vez identificados los rasgos principales del perfil neurosensorial bajo estudio se procedió a diseñar su puesta en escena mediante objetos que conformaran un escenario acorde con las expectativas del *target*.

El caso La Segunda

La investigación permitió determinar los principales rasgos (conscientes y metaconscientes) para diseñar locales de atención y venta de seguros.

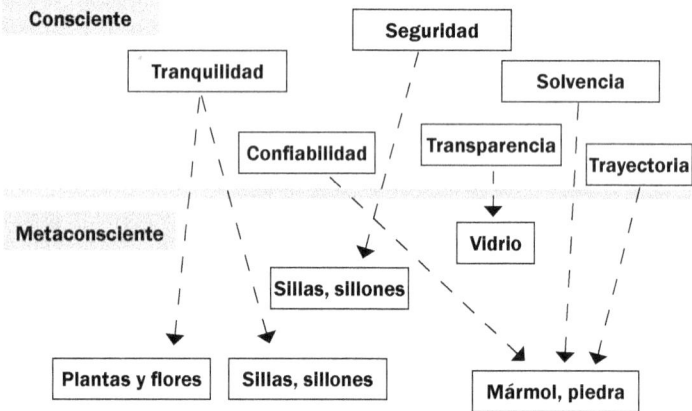

Los rasgos se tradujeron en estímulos neurosensoriales que debían estar presentes en los locales con el propósito de activar los significados relevantes para el cliente.

Si bien la descripción de objetos excede el marco de este apartado, dado lo extenso de la investigación, es interesante citar algunos datos; por ejemplo, que para la mayoría de los entrevistados el lugar para aguardar antes de ser atendidos debía reunir características similares a las del living de una casa y que los colores y la ambientación debían transmitir seguridad, calidez y contención.

Como vemos, la selección de aromas, sonidos y ambientación, además de responder a las expectativas de los clientes, debe responder a los atributos clave de la estrategia de posicionamiento de la compañía, en este caso: seguridad, solvencia, transparencia, trayectoria, atención personalizada, confianza y tranquilidad.

Sin duda, hay una gran variedad de factores que influyen para generar un ambiente atractivo. La música, por ejemplo, es sumamente importante y debe ser acorde con el *target*. Cuando esto no ocurre, se corre el riesgo de perder ventas porque el cliente se aburre (sin que lo registre conscientemente), se cansa o se siente incómodo porque no soporta el sonido.

El sistema somatosensorial está integrado por dos subsistemas: el mecanosensitivo, que se ocupa de detectar estímulos como el tacto suave, la vibración y la presión, y el termoanalgésico, que registra la percepción de la temperatura y la sensación de dolor.

Ha sido comprobado que la música percibida como agradable predispone al cliente a permanecer más tiempo en un local, aunque su registro no atraviese el umbral de conciencia.

Si bien en cada caso las preferencias deben investigarse mediante un adecuado proceso de segmentación, siempre es aconsejable recurrir a melodías que activen regiones cerebrales implicadas en las respuestas emocionales positivas, como la amígdala o la corteza órbitofrontal izquierda.

También hay estudios que afirman que ciertos ritmos son capaces de modificar funciones orgánicas, como los latidos del corazón, y que otros obstaculizan algunas funciones cerebrales, como la memoria. Por ello, la investigación sobre sonidos es un tema que nunca puede descuidarse.

Cabe destacar que hablar sobre el impacto en el cerebro de los sonidos y las melodías demandaría un libro completo, dado que día a día surgen los resultados de nuevas investigaciones. Lo que pretendemos, someramente, es aproximar al lector al tema.

Asimismo, cuando se trabaja en la ambientación de un local minorista es muy importante investigar cómo impacta cada decisión en el sistema somatosensorial, ya que cuando la temperatura no es la adecuada, ya sea porque hace demasiado frío o demasiado calor, el cliente comprará únicamente lo que tiene en su lista y tenderá a abandonar cuanto antes el local, con lo cual pueden perderse ventas importantes[9].

2.5. De lo general a lo particular: ¿cuál es el mejor lugar?

Como sistemas sociales, los canales no están exentos de conflictos. Uno de los más comunes se genera por discrepancias entre fabricantes y minoristas sobre la ubicación en góndola de los productos. Ello ha dado lugar a numerosas investigaciones y, paralelamente, a verdaderas guerras entre las empresas con el fin de obtener un lugar privilegiado.

En estas luchas competitivas el mejor lugar es ocupado por el fabricante que pague el mejor "alquiler" al minorista (además de suministrarle un conjunto de beneficios adicionales), y siempre gana el minorista, que suma ingresos procedentes del denominado "negocio inmobiliario".

Recordemos que, cuando está en una góndola, el producto debe venderse solo, por lo que no puede omitirse el análisis de cada uno de los factores que influyen en la comunicación con el cliente, además de la disposición espacial.

El packaging no solo debe contener el producto, sino que debe estar diseñado pensando en la captación multisensorial del sistema perceptual del cliente cuando este se encuentra frente a una góndola o un escaparate.

Estas conexiones asociativas entre sentidos ayudan no solamente a captar su foco atencional, sino también a facilitar sus mecanismos de memoria, por lo que tienen un rol central en la gestión de "vendedor silencioso" del envase.

Estos factores están relacionados con el diseño del *packaging* y de todos los elementos que se ubican alrededor del producto que permitan captar el foco atencional. Por ello, una de las decisiones más importantes está relacionada con la altura a la cual se colocarán los productos en las góndolas.

Si el lector presta atención en un supermercado, observará que existen tres niveles que se corresponden con la altura de una mujer de estatura mediana:

El *nivel superior,* denominado *nivel de los ojos,* es considerado "el más vendedor"; por lo tanto, es el más caro para los fabricantes y representa el mejor negocio inmobiliario para los minoristas. Este punto es el que menos esfuerzo requiere, por lo que es el que mayor capacidad tiene para captar la atención del cliente.

El *nivel medio,* que se encuentra al alcance de los brazos (por lo que también se lo llama *"nivel de las manos"* requiere un esfuerzo mayor, por lo que es necesario generar estímulos visuales para atraer la atención del cliente.

El *nivel inferior* es el menos atractivo. Su ubicación obliga al cliente a agacharse, a realizar un plus de esfuerzo para tomar el producto. También podrá observar el lector que existe un cuarto nivel, llamado "nivel cabeza", que es prácticamente inalcanzable para un cliente de estatura mediana.

....

La ubicación de los productos en cada uno de los niveles es crucial, ya que los experimentos han demostrado que los cambios ascendentes en la posición de los productos dan como resultado un incremento en las ventas, mientras que los cambios descendentes hacen que estas disminuyan.

....

A su vez, y teniendo en cuenta que la ubicación en góndolas crea costumbre, la rotación de productos cada cierto tiempo hace que estemos ante un fenómeno dinámico, caracterizado por cambios y negociaciones intensas entre los fabricantes y las grandes cadenas en el día a día.

....

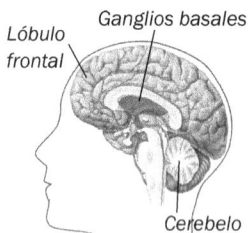

Lóbulo frontal — *Ganglios basales* — *Cerebelo*

La costumbre está relacionada con la memoria procedural, que se ubica en los ganglios basales y el cerebelo. Si el cliente tiene ubicados los lugares donde encontrará los productos, es probable que vaya directamente hacia ellos cuando entre en el local, lo cual conspira contra el objetivo de los minoristas, que es lograr que lo recorra casi por completo para tentarlo con los productos de compra por impulso.

....

Si aplicamos estos conocimientos a la práctica, es fácil deducir que la rotación de los productos debe tener en cuenta este fenómeno para evitar que las rutinas configuren mapas estáticos en el cerebro de los clientes. De hecho, cuando no hay modificación en el entorno, no hay sorpresas, por lo que disminuyen las posibilidades de vender a las personas que disfrutan de las compras y adquieren muchos productos por impulso.

Hablamos aquí de los denominados *clientes traffic,* esto es, aquellos dispuestos a recorrer grandes distancias para comprar siempre que exista una recompensa adecuada por ese esfuerzo. Normalmente, estos clientes son captados por los grandes centros comerciales, como los shoppings o El Corte Inglés (en definitiva, por minoristas que ofrecen una oferta atractiva).

Los grandes hipermercados, que comercializan gran variedad y cuentan con una exhibición interesante de productos, a la que añaden promociones, descuentos y ofertas especiales, se dirigen también a este segmento.

En el caso de los *clientes flux,* que eligen un punto de venta por razones de comodidad, ya sea porque está cerca de su hogar o de su trabajo, esta práctica posee desventajas significativas porque se trata de personas que quieren entrar y salir rápidamente de los locales donde compran.

Como los famosos *discounts*[10] se dirigen a este segmento, deben tener en cuenta que la rotación conlleva la posibilidad de que se retiren del establecimiento contrariados, con las manos vacías, y que no vuelvan.

En cuanto a la ubicación en góndola, y esto vale para todo tipo de formato minorista, existen básicamente dos formas de colocar el producto: vertical –se ubica el mismo producto en los tres niveles de una góndola– y horizontal –se ubica un producto diferente en cada nivel de estante–. Ambas ubicaciones tienen sus correspondientes ventajas y desventajas que están relacionadas con el fenómeno de la percepción visual.

....

Cuando hay cambios en la exhibición de productos, entra en juego la memoria prospectiva, ya que este sistema se apoya en la premisa de "no olvidar lo que quiero comprar".

Ante la presencia de distractores, como puede ser una configuración espacial diferente a la consolidada en la memoria a largo plazo, se generan fallas o interferencias que pueden irritar por completo al cliente, sobre todo cuando llega a su casa sin haber comprado un producto que necesitaba porque no estaba donde "tenía que estar".

....

Como vemos, ambas disposiciones deben estudiarse meticulosamente. Asimismo, investigar el fenómeno de la costumbre espacial es muy importante.

En el caso de los *clientes flux,* las modificaciones no son aconsejables, ya que si no encuentran rápidamente lo que buscan se retirarán sin comprar. En el caso de los *traffic,* es necesario romper sus rutinas para que recorran todo el comercio.

Como vemos, la estrategia de canales de marketing es también un asunto de negocios que requiere una adecuada planificación, acompañada por una organización de recursos humanos ágil y moderna, capaz de reaccionar rápidamente ante los cambios, de desarrollar investigaciones centradas en los comportamientos de compra, y de implementar los procesos necesarios para lograr la satisfacción del cliente.

8

De la comunicación
a la neurocomunicación

1. La necesidad de un cambio de paradigma

Durante muchos años (cuando se dialogaba sobre el *mix* de comunicaciones) la gente de marketing solía decir: "En nuestra empresa integramos publicidad gráfica con radio y televisión, o televisión con radio, o televisión con vía pública". ¡Casi nadie mencionaba la integración con el cliente!

En la actualidad las cosas han cambiado sustancialmente. Con ayuda de la tecnología y de los nuevos descubrimientos sobre el funcionamiento del cerebro, las estrategias de comunicación han registrado una evolución que, pocos años atrás, era inimaginable.

La comunicación está presente en todo lo que una empresa hace: en los productos que comercializa, en los precios que fija, en los canales de marketing que elige, en sus donaciones y patrocinios de actividades culturales y sociales, en sus campañas publicitarias, en la forma en que la recepcionista atiende a un cliente y en el estilo de su fuerza de ventas.

Ello plantea un verdadero reto para las organizaciones, que ahora tienen en sus manos la oportunidad de investigar cómo se procesa la información sensorial y aplicar estos conocimientos no solo a la creación de los mensajes, sino también al diseño de estrategias para captar la atención del público objetivo y lograr los niveles de impacto y recordación necesarios.

Esta gran oportunidad supone, en esencia, un cambio de paradigma, ya que la comunicación no puede ser entendida como un circuito que comienza en una organización y culmina en un receptor. La comunicación debe ser entendida, fundamentalmente, como una relación entre personas, por lo que también es generada por el cliente.

La comunicación no es un proceso que comienza en una empresa y termina en un cliente, o que comienza en un cliente y termina en una empresa.

La comunicación un proceso dinámico, caracterizado por una interacción permanente entre ambas partes.

Esto significa que, independientemente de los esfuerzos que realice una organización en el diseño e implementación de campañas impactantes, no siempre se la puede colocar en el rol de emisora. Más aun: la *neurocomunicación* abarca no solo los comportamientos externos que se generan en el entorno de un sujeto o de una empresa, sino también el tipo de cambios internos que una persona experimenta mientras se comunica (autocomunicación).

La implementación de una estrategia de neurocomunicaciones supone tanto el análisis de los estímulos externos –como las reacciones que un anuncio puede generar a nivel sensorial (vista, tacto, oído, gusto, olfato) y semántico (significados)– como el de los estímulos internos, esto es, los mecanismos relacionados con los sistemas de atención, memoria y emociones de quien lo recibe.

....

La *autocomunicación* estudia los procesos que tienen lugar dentro del individuo e involucran aspectos cognitivos y emocionales que tanto los vendedores (que son piezas clave en las relaciones que establece una organización con sus clientes) como los creativos necesitan estudiar.

Asimismo, deseamos subrayar que ningún hecho relativo a las comunicaciones, como una pieza publicitaria o una entrevista de ventas, puede ser concebido como parte de un momento determinado –por ejemplo, el lanzamiento de un nuevo producto–, sino como un trabajo sistemático que debe alcanzar objetivos a largo plazo.

Esto significa que toda acción de comunicaciones, aun cuando responda a objetivos de corto plazo, debe estar orientada al futuro, ya que ello garantiza la construcción de la imagen institucional y la fidelidad a la marca. En neuromarketing, este concepto tiene que ver con el aprendizaje del cliente y se estudia a nivel neurobiológico: cuando el cerebro recibe mensajes sobre una marca en forma reiterada y coherente, las inscripciones en las redes neuronales se fortalecen y, consecuentemente, los nuevos estímulos necesitarán menos fuerza para conseguir la misma activación.

Para que esto sea posible, *una empresa debe actuar para que todas las vías de comunicación se complementen y se refuercen entre sí.* Por ejemplo, lo que dice Federal Express en sus campañas de comunicaciones, el color de sus camionetas, el rostro y la amabilidad de su personal, la predisposición para resolver cualquier tipo de problema y el cumplimiento en tiempo y forma del servicio constituyen un conjunto de inscripciones que las estrategias de comunicación, sumadas a la experiencia, van creando en las redes neuronales del cliente. ¿El resultado? Probablemente Fedex sea la primera empresa en la que el cliente piense cuando necesite un servicio de entrega con cobertura internacional.

En este capítulo veremos cómo y por qué los avances en las neurociencias y en la neuropsicología suministran aplicaciones de enorme utilidad para lograr que tanto una organización como sus marcas trasciendan la inmediatez del presente y se proyecten con éxito hacia el futuro.

2. Cómo diseñar campañas más eficaces. La promesa del neuromarketing

Todo plan de marketing es, sustancialmente, un plan integrado de comunicaciones, porque tanto el producto como la marca, el *packaging,* el precio y los canales que se elijan para hacerlo llegar al cliente contienen elementos que son portavoces de mensajes que, con el tiempo, construyen la identidad de una marca, de una organización.

Por ello, uno de los campos más activos del neuromarketing tiene que ver con el estudio de los procesos cerebrales para hacer más efectivas las campañas, y ello supone no solo la investigación y redefinición de las principales variables del *mix,* como la publicidad, las promociones y las neuroventas, sino también el diseño de la estrategia de medios más adecuada para cada caso.

En este sentido, recordemos nuestros ejemplos de Fedex o Coca-Cola: una estrategia de comunicación debe ser concebida con un criterio de largo plazo. Ello exige trabajar exhaustivamente con un conjunto de elementos de tanta importancia que ninguno de ellos puede ser descuidado o dejado al azar, como el significado de cada mensaje, el medio que se elige para comunicarlo, los actores, sus voces, los sonidos, los colores, los objetos, las formas y el estudio de los mecanismos perceptuales del cliente (entre muchos otros).

2.1. El punto de partida

Dos aspectos que siempre desvelaron a los creativos publicitarios y a los gerentes de marketing hoy pueden ser mejorados con ayuda de la neurociencia. Estos aspectos son la *atención* y la *recordación*. Para comenzar, debemos reconocer que el cerebro humano es un "avaro cognitivo", lo que quiere decir que funciona siguiendo un principio de economía mental que la mayoría de las veces lleva a un individuo a percibir la realidad de una manera sesgada o parcial.

Vivimos en una sociedad caracterizada por la hipercomunicación. Por ello, ninguna campaña que pretenda ser exitosa puede ignorar los principios básicos de la neurofisiología vinculados con los mecanismos de percepción, atención y memoria, y tampoco las bases neurales que intervienen en la cognición y en las emociones.

En segundo lugar, no por ello menos importante, tenemos el problema de la saturación. Para comprender hasta qué punto este es un aspecto clave, le proponemos simplemente que imagine algunas secuencias típicas de la vida cotidiana de un ciudadano común, llamémosle Borja.

Borja comienza el día leyendo el periódico y, aun sin quererlo, pasa la vista por una gran cantidad de anuncios que publican las empresas. Después escucha los anuncios comerciales que se emiten a través de la radio mientras conduce hacia su trabajo, y no es necesario mencionar la cantidad de carteles de vía pública que aparecen durante su trayecto.

Dos horas más tarde debe acudir a una reunión y elige no conducir. Mientras se dirige hacia el subterráneo, se detiene ante un espectáculo callejero: un grupo de promotoras uniformadas con los colores y el logo de una marca, flanqueadas por dos hermosas estatuas vivientes, invitan a los transeúntes a probar la última bebida que lanzó al mercado una empresa conocida.

Borja retoma el paso y se introduce en el subterráneo. Nuevamente, los anuncios se multiplican: en las escaleras, en el aparato de televisión colocado en el andén, en los soportes publicitarios, en el vagón donde finalmente se ubica y en el periódico gratuito que le entregan para leer durante el viaje. Todos compiten por llamarle la atención.

De regreso a la oficina se conecta a Internet para informarse sobre la evolución de los indicadores financieros. Está apurado, pero no tiene opción: debe invertir unos segundos en sacar de su vista los típicos *banners* que interrumpen su lectura.

Al finalizar el día, elige ir al cine. Llega temprano. Antes de la proyección de la película, ve tres cortos publicitarios. Al llegar a casa sintoniza el televisor, ansioso por saber los resultados de los partidos de tenis. Nuevamente sucede lo mismo: puede ver la síntesis de las mejores jugadas, pero tiene que soportar los cortes, porque nuevamente los anuncios se multiplican.

¿Puede el cerebro humano albergar toda la información que recibe sobre productos y servicios, sumada a la que ingresa cotidianamente sobre otros temas? El sentido común nos dice que no, y en este hecho reside parte del problema de que muchas veces lleguemos a casa con una sensación de fatiga mental o embotamiento psíquico.

"Cualquier objeto o suceso emerge al recortarlo del resto.
Sin embargo, un objeto o suceso existe únicamente en el cerebro de cada persona, que selecciona la realidad percibida en función de sus propias creencias y condicionamientos."

BATESON

Para evitar que esta situación llegue a un punto extremo, el cerebro cuenta con sus propios mecanismos de defensa: aplica filtros para impedir que un número desmesurado de estímulos desborde su capacidad de procesamiento de información y percibe e interpreta los que logran atravesarlos mediante un proceso neurobiológico que, a su vez, es particularmente sensible a valores personales y culturales. Observemos cómo operan algunos de estos filtros[1]:

- El cerebro permite el paso de aproximadamente el 1% de la información que llega del entorno.
- La atención que prestamos a determinados estímulos depende del momento del día, del mes, de las estaciones del año y de las épocas de la vida.
- Cuando estamos despiertos, vemos luces y colores, pero no todas las luces y colores: el cerebro no puede captar los infrarrojos ni los ultravioletas, y tampoco todas las intensidades.
- Nuestras creencias actúan como potentes filtros perceptuales. Por ejemplo, muchas personas ignoran los anuncios sobre productos si creen que estos han sido elaborados con cultivos transgénicos[2].
- Cuanto mayor es la intensidad del momento que estamos viviendo, mayor es la recordación, por lo que la emisión de anuncios comerciales durante los mundiales de fútbol o los torneos más importantes de tenis es muy efectiva.
- Lo que vemos, oímos, tocamos, olemos y degustamos depende en gran medida de lo que culturalmente estamos condicionados para ver, oír, tocar, oler y degustar.

Obviamente, podríamos escribir varias páginas sobre los filtros perceptuales. Lo que queremos destacar es que presentan un gran desafío para los anunciantes, que deberán lograr que su mensaje atraviese los muros atencionales y, a su vez, que sea recordado.

El sistema de percepción tiene un gran componente dado por nuestra pertenencia a un determinado grupo social. Este componente es el foco de investigación de la antropología sensorial, una corriente que comenzó a desarrollarse en la década de los noventa y cuyos avances son de enorme importancia para el diseño de estrategias de neurocomunicación.

La figura siguiente sintetiza estos conceptos y nos introduce en dos temas fundamentales para comprender la importancia de la aplicación de las neurociencias a las estrategias de comunicación: la atención y la memoria.

La percepción de los mensajes publicitarios no es solo neurofisiológica; es un proceso subjetivo y, al mismo tiempo, cultural.

- Como especialista en procesar información que ingresa a través de los sentidos, el cerebro tiene capacidad para filtrar y "suprimir" lo que considera redundante o innecesario.
- Ningún mensaje podrá ser comprendido si la audiencia no puede descifrar las connotaciones culturales.

La dimensión subjetiva de la percepción hace que los mensajes que logran captar la atención y se albergan en la memoria no constituyan un almacén objetivo de información, sino una interpretación subjetiva construida por cada protagonista.

2.2. Procesos cerebrales de atención y memoria en la estrategia de neurocomunicación. Aplicaciones y casos

Los filtros perceptuales conspiran contra la atención y dependen de muchos factores: algunos son físicos y externos, como el medio y el mensaje, y otros son internos, como nuestros intereses, experiencias, necesidades o recuerdos.

A su vez, y dado que la cantidad de información que intenta ingresar a través de nuestros sentidos es mucho mayor que la que nuestro cerebro puede manejar, hay datos que se pierden para siempre y otros que ingresan mediante un proceso de selección en el que solo se registran los estímulos de mayor relevancia.

La atención humana tiene capacidad limitada

En la actualidad, se están emprendiendo numerosos experimentos con técnicas como la resonancia magnética para descubrir cómo reaccionan ciertas partes del cerebro cuando está expuesto a mensajes publicitarios (uno de los países más avanzados en estos estudios es Alemania).

Estas investigaciones permiten indagar, mediante la detección de las zonas que se activan, qué tipo de argumentos tienen un mayor impacto y, fundamentalmente, cuál es la estrategia de medios más adecuada (radio, televisión, vía pública, etc.) para captar la atención del público objetivo.

En este marco, y en un contexto de neuromarketing:

La *atención* puede definirse como el proceso por el cual registramos en forma voluntaria y consciente los estímulos que consideramos relevantes, por ejemplo, cuando escuchamos lo que se dice en un anuncio comercial sobre las propiedades nutritivas de un producto (atención selectiva) y nos fijamos en ello.

Sin embargo, y esto es de mucha importancia para el tema que estamos abordando, *el cerebro tiene capacidad para procesar una enorme cantidad de información en forma metaconsciente.* Esta información ingresa por varios canales sensoriales sin que nos demos cuenta; por ejemplo, la música de fondo, los colores que definen la simbología marcaria, el logo, el diseño del *packaging* del producto que se está anunciando u otros comerciales que miramos "sin ver" en los carteles de vía pública.

Como en este tipo de percepción (que en parte de la bibliografía especializada puede leerse como no consciente, inconsciente o subliminal) no se conoce el umbral de saturación, los expertos vienen estudiando este fenómeno desde hace más de un siglo.

Entre las investigaciones más conocidas encontramos las de Pötzl, quien se sorprendió cuando, al cabo de un experimento en el que expuso a un grupo de personas a una serie de dibujos complejos durante una fracción de tiempo tan pequeña que era imposible su registro consciente, estas manifestaron varias fantasías que estaban vinculadas a fragmentos de estos dibujos. Sin embargo, ¡no los habían visto!

En la actualidad, el desarrollo de las neurociencias permite un tratamiento más profundo, dado que se cuenta con instrumentos de mayor alcance.

....

Se ha comprobado que existen procesos cerebrales denominados "ultrarrápidos" porque son capaces de captar una gran riqueza de información sin que seamos conscientes de este proceso.

Ello plantea un verdadero desafío para los creativos publicitarios, ya que deberán diseñar contenidos capaces de llamar la atención y otros que logren atravesar el umbral de conciencia.

....

Un buen ejemplo es una investigación emprendida por científicos del Hospital Pitié-Salpêtrière, en Francia[3], que ha demostrado que los procesos mentales no conscientes pueden alcanzar niveles muy altos. Para llegar a estas conclusiones, y siguiendo la línea trazada por Pötzl, aplicaron una técnica de presentación subliminal que consistió en una serie de "flashes" con palabras cuya duración no permitía que los participantes tuvieran tiempo de leerlas en forma consciente.

Los significados de las mencionadas palabras eran de tres tipos: amenazantes, neutros y alegres. Mientras recibían los "flashes", se observó actividad eléctrica en la amígdala, aun cuando estaba claro que nadie podía leer. En los tres casos, los científicos detectaron una respuesta relacionada con el valor emocional de las palabras, que había sido percibido en forma no consciente.

Con el fin de validar sus resultados, realizaron otra experiencia con el tiempo suficiente como para que las palabras pudieran ser leídas, es decir, percibidas conscientemente. Los resultados revelaron que se activaba la misma región del cerebro que se había iluminado cuando las palabras habían llegado en forma subliminal (ver destacado)[4]. Como vemos, y con ayuda de la neurociencias:

....

Hoy es posible descubrir qué estímulos tienen capacidad para llamar la atención y desencadenar la activación de determinados neurocircuitos y, a su vez, indagar cómo se van configurando las imágenes sobre productos y marcas en el plano metaconsciente.

....

Ello supone avances de gran utilidad para el desarrollo de mensajes publicitarios, ya que permite sintonizar la información que se desea transmitir con el modo en que el cerebro la percibe e integra al sistema de significados que se van almacenando en la memoria[5].

Hilando lo que hemos expuesto hasta aquí, podemos razonar que, para que una campaña sea efectiva, es necesario actuar sobre dos vías de acceso: la consciente y la metaconsciente.

El punto de partida es lograr un impacto en la *memoria sensorial*[6] para generar respuestas concretas. El segundo paso consiste en trabajar para el futuro, esto es, para que la información se consolide en la *memoria de largo plazo.*

Recordemos que la memoria sensorial es la que almacena la información que percibimos a través de los sentidos (vista, oído, tacto, gusto, olfato) en forma momentánea, y que cuando un estímulo es impactante se facilita el paso de la información a los almacenes de largo plazo.

Como los estímulos que ingresan a la memoria sensorial, si bien tienen una duración muy breve, se caracterizan por suministrar información suficiente para producir una respuesta, es importante que la atención cuente con algún anclaje. Por ejemplo, vemos en la góndola las galletitas con las que nos acaba de invitar una promotora que, por cierto, eran muy ricas, y ponemos algunos paquetes en nuestro carrito. Este ejemplo nos lleva también a un concepto que abordamos en el capítulo anterior, el de la *memoria priming.*

Recordemos que *la memoria priming consiste en la activación de un recuerdo a través de una pista.* En publicidad, la creación de pistas es imprescindible, y más aún, debe constituirse en uno de sus objetivos primordiales.

Ante una necesidad, por ejemplo, la de adquirir un jabón que humecte la piel, el nombre de la marca debe estar asociado a satisfactores que cumplan ese objetivo. Estos satisfactores, si son adecuadamente comunicados a través de los diferentes mensajes que componen la campaña, actúan como pistas que se activan mediante la *memoria priming.*

Jabón de tocador

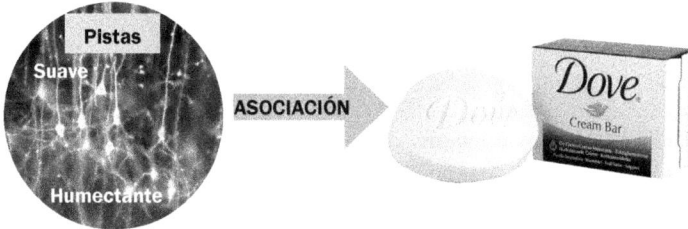

Ahora bien, para que las pistas generen una asociación que adquiera una fuerte conexión con el producto, es importante lograr, entre otras cosas, un lazo afectivo positivo con la marca. Recordemos que si la información sensorial se codifica también en función de características afectivas, será mucho más fácil recuperarla y extrapolarla de una situación a otra.

Ello se debe a que las emociones desempeñan un papel importante en el procesamiento de la memoria, contribuyendo favorablemente a la formación de recuerdos. En el caso del jabón Dove, por ejemplo, la marca en sí está asociada a la suavidad y la humectación, por lo que estas pistas también son extrapolables a todos sus productos.

Lo destacable, continuando con el ejemplo, es que estas pistas mnésicas determinan la decisión de compra, revelando la importancia de la publicidad en la construcción de conocimientos y lazos con la marca. Por lo tanto, si las mismas pistas (estímulos) son repetidas a través de los anuncios comerciales, estas asociaciones pueden reforzarse hasta lograr la tan ansiada fidelidad.

Nuevamente nos encontramos frente a la importancia de comprender cómo funcionan los mecanismos cerebrales para diseñar mensajes más efectivos. Por ejemplo, los estudios de los neurocircuitos vinculados tanto al placer como al displacer han arrojado mucha luz para determinar dónde enfocar la publicidad y en qué escenas hacer hincapié para consolidar la información sobre la marca en la memoria a largo plazo.

Dado que los casos y las investigaciones concretas pueden resultar muy interesantes, trataremos de sintetizar algunas de ellas.

Neuromarketing aplicado. Investigaciones en publicidad

- Al analizar un conjunto de anuncios comerciales, un equipo de investigación dirigido por Rossiter[7] demostró que las escenas que provocaron mayor impacto y se recordaron mejor fueron las que activaron el polo frontal izquierdo, relacionado con pensamientos y emociones positivas. La lección para el neuromarketing de los resultados de estos experimentos es que, si en vez de estos neurocircuitos se hubieran activado otros, como los relacionados con el displacer y la incomodidad, por ejemplo, el anuncio debería haber sido inmediatamente corregido.

- A la inversa, hay casos en que la activación de zonas relacionadas con la aversión es el foco del anuncio. Esto se observa con claridad en las acciones de los gobiernos dirigidas a desalentar determinados tipos de consumo.

- Por ejemplo, en una campaña antitabaco se provocó un gran impacto al asociar el consumo del cigarrillo con una situación de catástrofe a nivel mundial, como la de las Torres Gemelas en los Estados Unidos. Este tipo de anuncios provoca tanto aversión como temor, emociones que, a nivel cerebral, se manifiestan mediante la estimulación de la amígdala, que se activa ante situaciones de miedo o peligro.

- Un estudio realizado por Young[8] detectó que existen períodos cortos dentro de un anuncio que crean diferentes efectos y que algunos de ellos son considerados de especial importancia porque atrapan más que otros. Las técnicas de neuromarketing permiten detectar cuáles son estos períodos.

- Ioannides[9] investigó la activación de distintos neurocircuitos frente a la presentación de dos tipos de estímulos en los anuncios televisivos. Uno consistía en anuncios con contenidos afectivos (humor, suspenso, etc.) y otros con contenidos cognitivos (hechos fácticos). Se observó que la publicidad cognitiva activó en mayor medida el área parietal posterior y prefrontal superior. En cambio, la que transmitía contenidos emocionales activó predominantemente las áreas orbitofrontales, amígdala y cerebro medio.

- Un estudio reciente, realizado por Peter Kenning (2006), complementa la información anterior al detectar activación del núcleo accumbens, cíngulo posterior, corteza prefrontal medial, corteza visual y gyrus fusiforme frente a la presentación de anuncios considerados atractivos. Sin intención de abrumar al lector con datos anatómicos, deseamos destacar que la relevancia para el neuromarketing de este tipo de estudios radica en que los anuncios comerciales considerados atractivos se correlacionaron con un mejor nivel de atención y recordación.

- También se ha detectado, no en uno, sino en varios estudios con imágenes, que aquellas que connotan una representación simbólica positiva activan en mayor medida el área parahipocampal[10], a diferencia de los objetos individuales sin asociación directa. Esto quiere decir que provoca un mayor impacto a nivel emocional presentar imágenes ubicadas contextualmente en asociación con un evento placentero –por ejemplo, una rosa en un anuncio comercial dirigido a un segmento determinado de mujeres (que puede simbolizar el romanticismo, la belleza, el amor y la pureza, entre otros)– en vez de hacerlo con objetos con poca asociación contextual –como un helecho o un adorno de cerámica–. Así, es posible detectar qué elementos adquieren sentido durante la exposición de un anuncio (para incrementar su efectividad) y cuáles deben ser descartados.

2.3. El cerebro emocional y los sistemas de recompensa

Para que una campaña sea efectiva, y siempre que el producto que se anuncia lo admita, es aconsejable dirigir los mensajes directamente hacia los sistemas de recompensa del cerebro, focalizando en beneficios relacionados con el placer y las emociones.

....

Recordemos que los sistemas de recompensa son, en realidad, zonas cerebrales que responden ante determinados estímulos, básicamente, el área tegmental ventral y el núcleo accumbens. Estas zonas son centros liberadores de dopamina (principalmente) y de otros neurotransmisores, entre ellos, los opioides y el glutamato.

....

Para explicar estos conceptos con mayor claridad utilizaremos un ejemplo, el de una campaña de pañales Huggies Classic[11].

En 2005, se realizó una investigación de mercado debido a que los fabricantes no estaban conformes con los resultados de las ventas. Se descubrió que el producto tenía una capacidad de absorción que no satisfacía a los clientes, en comparación con la competencia. Después de modificarlo a nivel funcional, se lanzó una campaña denominada "El desafío Huggies Classic", centrada precisamente en este atributo.

....

En 2007 se utilizó el humor en los anuncios, incorporando a una actriz con muy buena imagen que interpretaba a una madre divirtiéndose con su bebé en una situación cotidiana. Al año siguiente, la estrategia de comunicación utilizó un recurso transgresor: desmitificó a la "mamá perfecta" (que se había constituido en una especie de ícono para la mayoría de los productos de esta categoría).

Los resultados de este cambio fueron muy satisfactorios: entre 2006 y 2008 el incremento de las ventas llegó al ¡82%! y se logró un crecimiento notable en dos variables fundamentales relacionadas con el posicionamiento marcario: *top of mind* y recordación. ¿A qué se debió semejante éxito?

....

Queda claro que los comerciales que apelan a las emociones, al sentido del humor y a las transgresiones (Axe, por ejemplo) tienen un mayor nivel de recordación porque activan positivamente el sistema de recompensa del cerebro[12]. Cuando esto sucede... las ventas están prácticamente aseguradas.

2.4. Los descubrimientos sobre las neuronas espejo: aplicaciones en publicidad

....

Las neuronas espejo fueron descubiertas en 1996 por un equipo de la Universidad de Parma (Italia) mientras se realizaba un experimento con macacos.

Se observó que las células cerebrales no solo se encendían cuando uno de los monos ejecutaba ciertos movimientos, sino que también se activaban cuando, simplemente, contemplaba cómo lo hacían los demás.

....

Para explicar cómo funcionan estas neuronas y por qué es interesante abordar el tema en un capítulo sobre comunicación, nada mejor que un ejemplo sencillo que expuso un colega de la Universidad Autónoma de Madrid, el profesor Giménez Amaya: "Cuando un individuo observa un anuncio sobre lo bien que lo pasa una persona que disfruta de un coche, se le están encendiendo las áreas cerebrales del mismo tío que va en el coche".

Este ejemplo es muy claro para comprender que las neuronas espejo son células especializadas que se activan tanto cuando un individuo observa a otro realizar una acción como cuando es él mismo quien la ejecuta.

Como este sistema sería la base de algunos mecanismos, como la imitación del comportamiento, el avance en los conocimientos sobre estas neuronas es de enorme interés en publicidad.

Si bien siempre tuvimos claro que la identificación con el otro, sea un líder de opinión, un artista o cualquier persona a la que se admira o pertenece a un grupo social determinado, tiene una gran influencia en las elecciones de las personas con relación a los productos y servicios que consumen, el neuromarketing puede explicarlo hoy día con mayor fundamento.

Recordemos que muchos productos actúan como espejos en los que el cliente desea verse reflejado, esto es, "espejado"; por ello, muchos niños que practican tenis quieren vestirse como Rafael Nadal[13] (lo cual supone un extraordinario negocio para Nike) y muchas mujeres de más de 60 años desearían tener la piel como Jane Fonda (una excelente elección de L'Oréal para el lanzamiento de una de sus cremas en el momento en que se escribe esta obra).

En este sentido, el funcionamiento de las neuronas espejo hace que muchas campañas publicitarias actúen como una especie de guía poderosa que orienta la conducta del consumidor y, a su vez, que este se sienta identificado con la marca. Cuando se logra esta identificación, es posible detectarla con técnicas de neuroimágenes:

La identificación con la marca se refleja en el cerebro

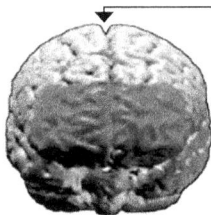

Cuando una marca se asocia con el sentido de uno mismo, aumenta la actividad en la corteza media prefrontal.

Las neuroimágenes ayudan a descubrir productos que expresen lo que el cliente desea ser.

Fuente: investigación realizada con fMRI en la industria automotriz.

Otro ejemplo muy interesante para explicar los conceptos que estamos abordando es el de los anuncios elaborados para vender en forma directa por televisión. La mayoría de ellos son películas, verdaderos cortos que muestran la lucha de los clientes con los viejos productos hasta que llega el momento del placer asociado al consumo o uso del que se está promocionando, que resuelve todos los problemas.

Estas puestas en escena con lujo de detalles, que llevan a muchas personas a sentirse "espejadas" en las vicisitudes del protagonista de la historia (generalmente con muy buen guión), son muy efectivas para desencadenar la compra por impulso, siempre que el espectador tenga poder adquisitivo. De hecho, son productos con un nivel muy alto de precios.

En cualquier caso, siempre que un anuncio logre que el individuo que lo observa interprete una situación como propia, esto es, como algo que a él le pasa, el éxito de la primera venta está prácticamente garantizado. La repetición de compras, claro está, depende de que el producto cumpla realmente con lo que promete el anuncio.

2.5. Neurorrelaciones: estímulos racionales y emocionales

Un tema muy estudiado por el neuromarketing tiene que ver con el diseño de los contenidos de los mensajes, esto es, cuál es el impacto de los diferentes tipos de estímulos. En este apartado nos concentraremos en aquellos que podemos agrupar en dos grandes categorías: los estímulos denominados racionales y los emocionales.

La selección de los primeros apunta fundamentalmente a comunicar los beneficios que reportará el producto o servicio en el plano funcional, como la capacidad de persistencia de un desodorante para el cuerpo. En este sentido, un buen ejemplo es el clásico "Rexona no te abandona", un eslogan que, sin duda, está inscripto en el cerebro de muchas personas en el mundo de habla hispana.

....

La información racional es analizada por la zona frontal y prefrontal del cerebro mediante un proceso que se desencadena a nivel consciente. Sin embargo, y aun cuando un mensaje pretenda dirigirse al universo racional del consumidor, aproximadamente en el 95% de los casos intervendrá un conjunto de mecanismos de origen metaconsciente.

....

De todos modos, subrayamos una vez más que prácticamente no existe racionalidad en la conducta de consumo. Aun cuando la elección de un producto se realice después de una evaluación "aparentemente" racional, siempre gravitan factores emocionales.

Por ello, y continuando con nuestro ejemplo: si el lector observa un aviso gráfico de Rexona en el que hay una pareja sonriendo y se destaca la frase "cuando la cosa es estar cerquita", notará con claridad que los beneficios funcionales del producto se anuncian en segundo plano, ya que lo primero tiene que ver con momentos de la vida que están teñidos por emociones importantes.

Cabe destacar que para lograr mayor efectividad es conveniente asociar los beneficios emocionales con situaciones de consumo en el hogar (por ejemplo, con momentos compartidos con los hijos o la pareja) y con las aspiraciones del individuo, como la belleza, el conocimiento y la pertenencia a determinados ámbitos sociales.

....

Desde sus comienzos, las campañas de Nestlé muestran a la marca como "cálida y amorosa", aun cuando esta se elige por la confianza que el cliente tiene en sus atributos funcionales, relacionados con la nutrición del bebé.

A nivel neurofisiológico, la amígdala es un componente fundamental de este proceso, ya que registra y censa los estímulos que desencadenan las emociones, y las asimila.

....

Además, la memoria asocia cada estímulo que un producto genera con algún tipo de emoción y/o recuerdo sensorial (un aroma, un color, una melodía) que se constituye en un referente de la marca. Esto explica por qué las mejor posicionadas son aquellas que han logrado llegar al corazón del cliente. Al estar asociadas con su mundo afectivo, están representadas en su mente mediante lazos que aseguran mayor lealtad.

A su vez, y en un gran número de casos, los mensajes que apelan básicamente a la emotividad también recuerdan al cliente los beneficios funcionales del producto. Esto se observa prácticamente en todos los anuncios comerciales sobre pañales para bebés, que relacionan aspectos como la capacidad de absorción y al cuidado de la piel con otros estrictamente emocionales, como el amor maternal (que son los más fuertes desde el punto de vista del contenido del mensaje).

Cabe destacar que siempre hablamos de emociones positivas, ya que la selección de estímulos que provoquen aversión[14], excepto en campañas antitabaco o cualquier otra que se dirija a desalentar el consumo de determinados productos, pueden afectar gravemente a una marca.

Ya no hay dudas de que el metaconsciente puede dirigir la mayoría de las acciones de los clientes con gran independencia del consciente, y tener claro este concepto es fundamental para poder desarrollar una estrategia de comunicaciones adecuada. Ello obliga a las empresas no solo a estudiar las necesidades y expectativas de las personas, sino también los procesos neurobiológicos que inciden y determinan la forma en que seleccionan, procesan e interpretan la información que reciben a través de los diferentes medios de comunicación.

3. La venta neurorrelacional: concepto, aplicaciones y beneficios

La Venta Neurorrelacional® es una metodología propia, que tiene sus cimientos en conocimientos procedentes de las neurociencias, la programación neurolingüística y el neuromarketing.

En uno de nuestros primeros libros, *Marketing Total*[15], anticipábamos que el rol de la fuerza de ventas estaba en profunda transformación, principalmente por los desarrollos producidos en las comunicaciones.

Con el correr del tiempo, y ante el avance de la neurocomunicación, nos convertimos en protagonistas de esa transformación al crear nuestra propia metodología, que denominamos Venta Neurorrelacional®, la cual presenta las siguientes características[16]:

La Venta Neurorrelacional enfatiza en la interrelación, la capacidad de comunicación, el desarrollo de empatía y la creatividad, y permite establecer mejores relaciones con los clientes a partir de un mayor entendimiento y comprensión de los mecanismos cerebrales que subyacen en su conducta.

Dentro del *mix* de comunicaciones, esta herramienta se constituye en un aspecto clave y tiene la particularidad de que nunca es resultado del trabajo individual de un vendedor, sino de los esfuerzos compartidos de un conjunto de personas que contribuyen de diversas formas: el cliente, los miembros de la fuerza de ventas y los demás integrantes de la organización.

Este enfoque trasciende, a su vez, la visión de los clientes como "oponentes naturales y racionales" que dificultan (mediante objeciones) la concreción de las ventas, haciendo que podamos verlos como personas con las cuales deseamos crear un ámbito amigable de relaciones que perduren en el tiempo.

Todos somos vendedores

El éxito depende de la profundidad e integridad con que nos relacionamos *personal y humanamente* con el cliente.

Venta Neurorrelacional

Ya hemos visto que la distinción entre productos y servicios está desapareciendo rápidamente porque lo que en realidad vendemos son percepciones de valor. Esto exige que estemos siempre cerca de nuestros clientes, atentos a sus necesidades y deseos, así como a las dificultades que pudieran presentarse.

En este sentido, vender es también desarrollar inteligencia para reconocer y resolver problemas, aun cuando nos esforcemos por minimizarlos. Sin duda, la rentabilidad de una organización depende siempre de la calidad de sus relaciones con el mercado, y en este proceso el equipo de ventas desempeña un rol decisivo. Por lo tanto:

Vender con inteligencia significa saber comunicarnos con los clientes para generar negocios con una perspectiva rentable y de largo plazo. Ello exige la conformación de equipos capacitados no solo para captar la atención de los clientes a través de un anclaje o beneficio diferencial concreto, sino también para conocer los mecanismos del cerebro humano que subyacen en las decisiones relacionadas con la adquisición de productos y servicios.

Hoy sabemos que, así como hay patrones neuronales que pueden ser activados en todas las personas por igual (o al menos en casi todas), otros son específicos de partes o segmentos del mercado (amas de casa, empresarios, amantes de la tecnología, conservadores, trasgresores, deportistas, músicos, etcétera).

Esto plantea un verdadero desafío para los vendedores, ya que deberán contar con herramientas que les permitan no solo generar contactos exitosos con clientes potenciales, sino también, y fundamentalmente, implementar un proceso de neurocomunicación que tenga en cuenta estas particularidades.

Notas

Capítulo 1

1   Los años noventa (1990-1999) fueron declarados como "Década del Cerebro" por el Congreso de los Estados Unidos. Esta iniciativa, que involucró importantes inversiones destinadas a la investigación en el ámbito de las neurociencias, fue imitada por la Unión Europea y algunos países asiáticos, entre ellos Japón, China y la India.

2   La "Década del Cerebro" sucede a la "Década del Espacio" (que dio lugar a numerosas innovaciones en materia de productos) y precede a la "Década del Comportamiento" (2000-2009), que impulsa las investigaciones en ciencias de la conducta y sociales (que también son de enorme relevancia para la gestión del marketing).

3   El neuromarketing no descalifica los métodos tradicionales, especialmente los que utilizan la inferencia estadística, pero la falta de correlato que suele producirse entre lo que manifiestan los clientes y lo que realmente hacen impone un soporte analítico-metodológico acorde con los nuevos conocimientos y la gestión de negocios moderna.

4   Utilizamos el término "metaconsciente" porque nos permite superar la percepción de inferioridad de "sub", así como la afirmación demasiado rígida que involucran expresiones como "subconsciente", "inconsciente" o "no consciente".

5   Véase el Capítulo 4, donde se desarrollan en detalle las nuevas técnicas de investigación.

6   La investigación fue dirigida por el Dr. Guido Ellert, profesor de la Facultad de Medios Macromedia de Munich (Macromedia FH der Medien), Alemania.

7   Investigación realizada en Estados Unidos con resonancia magnética funcional por imágenes (fMRI), en la que se proyectaron imágenes de objetos y productos de consumo. Fuente: *The New York Times*.

8   Véase Braidot, N.: *Neuromarketing, neuroeconomía y negocios,* Editorial Puerto Norte-Sur, Madrid, Cap. 8. Read Montague es un especialista en neurociencias aplicadas. Dirige el Human Neuro-imaging Laboratory del Baylor College de Medicina, en Houston.

9   Su nombre alude a su parecido con el cerebro de los reptiles.

10 Es necesario aclarar que la distinción entre distintos niveles cerebrales con sus especificidades no es estanca. En el proceso de evolución del cerebro, el hipotálamo se desarrolló entre el sistema límbico y el sistema reptiliano.

11 Además del tacto, el sistema somatosensorial registra la temperatura, la posición del cuerpo y el dolor.

12 El tema de los filtros perceptuales se aborda en profundidad en el Capítulo 8.

13 El tema de los estímulos neurosensoriales dirigidos a maximizar la satisfacción del cliente se aborda con profundidad en los capítulos 5 y 7.

14 LeDoux, Joseph (1996): *The Emotional Brain,* Simon and Schuster, Nueva York.

15 Damasio, A. (1999): *El error de Descartes: la razón de las emociones,* Andrés Bello, Madrid.

16 Véase Capítulo 6, ap. 3.4: "Neuroeconomía".

17 Véase Braidot, N.: *Neuromarketing, neuroeconomía y negocios,* op. cit.

Capítulo 2

1 Lo "kinestésico" comprende la comunicación que se maneja "más allá de lo visual y auditivo". Es más emocional y profunda porque también va más allá del tacto, el olfato y el gusto.

2 La memoria episódica contiene información sobre recuerdos relacionados con experiencias personales (autobiográficas) en espacios y tiempos específicos. Por ejemplo, la Cindor que consumíamos durante la infancia, los chocolates After Eight que nos traía el abuelo cuando viajaba o las Barbies con las que jugaba nuestra hija.

3 Erk, Susanne (2002): "Cultural objects modulate reward circuitry", *NeuroReport,* Estados Unidos, 13(18):2499-2503, 20 de diciembre.

4 Fuente: revista *Forbes,* "En busca del botón de compra", 2003.

5 Erk, Susanne (2002): "Cultural objects modulate reward circuitry", *NeuroReport,* Estados Unidos, 13(18):2499-2503, 20 de diciembre.

6 Fuente: Morgan, D.; Grant, K.; Gage, H.; March, R.; Kaplan, J.; Prioleau, O.; Nader, S.; Buchheimer, N.; Ehrenkaufer, R.; Nader M. (2002): "Social dominance in monkeys: dopamine D2 receptors and cocaine self-administration", *Nat. Neurosci.* 5, 169-174.

7 Sabritas, conocida internacionalmente como Lay's, es parte del grupo Pepsico y comercializa varias marcas de *snaks,* entre ellas Free-tos y Chetos

8 Para mayor información sobre neuroeconomía, ver www.nestorbraidot.com; "Temas de investigación"; "Neuroeconomía".

9 Fuente: Plassmann, H.; O'Doherty, J.; Shiv, B., y Rangel, A. (2008): "Marketing Actions can modulate neural representation of experience pleasantness", *Proceedings of National Academic of Science.*

10 Véase Capítulo 1, apartado 2.3 sobre el cerebro triuno.

11 Basado en ideas de Abraham Maslow, psicólogo estadouniden-
se que en su obra *A Theory of Human Motivation,* publicada en
1943, formuló una teoría sobre la jerarquía de las necesidades
humanas.

12 Véase Capítulo 4.

13 Véase Capítulo 4, donde se detallan las técnicas de avanzada.

Capítulo 3

1 Véase el Capítulo 4.

2 Véase el Capítulo 1.

3 El término *"priming* semántico" alude a un proceso de memoria
y aprendizaje en el cual se presenta un estímulo desconocido,
por ejemplo, el nombre de una marca, y se mide cuánto tiempo
tarda una persona en reconocer su significado.

4 Las áreas más activas son el núcleo caudado y el área ventral
tegmental derecha.

5 Braidot, N.: *Neuromarketing, neuroeconomía y negocios,* op.
cit., Capítulo 3.

6 El cerebro se forma durante varios años, hasta que las últimas
regiones, ubicadas en la corteza prefrontal, terminan de madu-
rar (en la adultez temprana). El tiempo de neurodesarrollo hace
que las personas adopten diversos estilos neurocognitivos a la
hora de procesar información y tomar decisiones. Véase Braidot, N.: *Neuromanagement,* op. cit., Capítulo 7.

7 Bjork: *New Scientist Journal of Neurosciences,* vol. 24, pág. 7.

8 *Brain and Cognition,* vol. 50, pág. 173.

Capítulo 4

1 Fuente: revista *Neuron.* Investigación realizada en forma conjunta
por los siguientes centros académicos: Carnegie Mello University,
Stanford University y MIT Sloan School of Management.

2 La obtención de neuroimágenes se utiliza únicamente en universidades u organismos especializados en el estudio del cerebro que cuentan con tomógrafos computados.

3 El experimento de Caltech, financiado con una beca de la David and Lucille Packard Foundation, se proponía indagar las motivaciones de compra mediante el análisis de los mecanismos cerebrales susceptibles a las influencias de las marcas. Estuvo a cargo de Steve Quartz, director del laboratorio de la Escuela Social de Neurología Cognitiva, y de Anette Asp, quien dirigió el proyecto.

4 Las áreas de Brodmann son regiones de la corteza cerebral que se diferencian entre sí por el tipo de tejido que poseen las células nerviosas que las integran.

5 La medición de algunos comportamientos fisiológicos, como la frecuencia cardíaca o la conductancia eléctrica de la piel, se utiliza con frecuencia para evaluar el impacto de cada estímulo, como el sabor de un producto, su precio, su forma o las piezas de comunicación que tiene asociadas con el objetivo de ir más allá de lo que una persona manifiesta a través de palabras. Para mayor información, véase www.braindecision.com.

6 La memoria de trabajo es el sistema cerebral responsable de operar y manipular temporalmente la información cuando tomamos decisiones en el día a día.

7 Las neuroimágenes permiten ver en una pantalla qué es lo que está pasando en el cerebro de una persona ante cada estímulo, en forma similar a lo que un médico observa cuando analiza una radiografía.

8 Iacoboni, Marco: "Who Really Won The Super Bowl? The Story of An Instant-Science Experiment", http://edge.org/3rd_culture/iacoboni06/iacoboni06_index.html.

9 Fuente: revista *Neuron*. Investigación realizada en forma conjunta por los siguientes centros académicos: Carnegie Mello University, Stanford University y MIT Sloan School of Management.

10 La compañía NTTLS (NTT Learning System), filial de la empresa japonesa de telecomunicaciones NTT, ha desarrollado un sistema denominado "solución de análisis emocional", que permite realizar una estimación fiable del interés que sienten los espectadores o consumidores ante determinadas imágenes a partir del análisis de su mirada.

11 El Brain Decision Braidot Centre es un espacio multidisciplinario que tiene como objetivo y desafío integrar los conocimientos teóricos de la neurociencia con aplicaciones prácticas tendientes a dar respuesta a las necesidades de las organizaciones. Para mayor información, invitamos al lector a acceder al sitio www.braindecision.com.

Capítulo 5

1 Véase Braidot, N. (2008): *Neuromanagement,* Editorial Granica, Buenos Aires.

2 Ariely, Dan (2008): *Las trampas del deseo,* Ariel, Barcelona.

3 Nissan es uno de los fabricantes más innovadores en el mercado de *crossovers.*

4 Daniel Kahneman obtuvo el Premio Nobel de Economía por haber integrado los avances de la investigación psicológica con la ciencia económica, especialmente en lo que se refiere al juicio humano y a la toma de decisiones bajo condiciones de incertidumbre.

5 Fuente: *Science,* febrero de 2006, vol. 311, n° 5.763, pág. 935.

6 Para profundizar en el funcionamiento de cada sentido en particular, véase Braidot, N. (2008): *Neuromanagement,* Parte II, Granica, Buenos Aires.

7 Véase Braidot, N.: *Neuromarketing, neuroeconomía y negocios,* op. cit.

8 Fuente: *The New York Times,* "There's a Sucker Born in Every Medial Prefrontal Cortex", Clive Thompson, oct. 26, 2003.

9 Fuente: BBC Mundo, "Las marcas de la mente", 14 de agosto de 2002.

10 Gottfried, J. A., y Dolan, R. J. (2003): "The nose smells what the eye sees: crossmodal visual facilitation of human olfactory perception", *Neuron* 39, 375-386.

11 Gottfried, J. A.; O'Doherty, J., y Dolan, R. J. (2003): "Encoding predictive reward value in human amygdale and orbitofrontal cortex", *Science* 301, 1104-1107.

12 Para profundizar en este tema sugerimos las siguientes lecturas: Braidot, N.: *Neuromarketing, neuroeconomía y negocios,* op. cit., Cap. 5, y *Neuromanagement,* op. cit., parte II.

Capítulo 6

1 Zaltman, Gerald (2004): *Cómo piensan los consumidores*, Ediciones Urano, Barcelona.

2 Cabe destacar que, en el momento en que se escribe esta obra, la empresa General Motors se encuentra gravemente afectada por motivos que no pueden imputarse a su estrategia de marketing, sino a la severa crisis económica que se desencadenó en Estados Unidos con importantes repercusiones en el mundo entero.

3 Turner, Jonathan (1999): *On the origins of Human Emotions: A Sociological Inquiry into the Evolution of Human Affect,* Stanford University Press, Stanford, 2000.

4 Damasio, A. (1999): *El error de Descartes: la razón de las emociones,* Andrés Bello, Madrid.

5 Véase Braidot, N.: *Neuromanagement,* op. cit., capítulos 1 y 9.

6 Véase Capítulo 1, apartado 4.

7 Recordemos lo que vimos en el Capítulo 1 sobre la estrecha relación que existe entre el sistema cerebral de recompensa, el conocimiento previo y las experiencias con productos y servicios registradas en nuestros almacenes de memoria.

8   Camerer C.; Babcock, L.; Loewenstein, G., y Thaler, R. (1997): "Labor supply of New York City cabdrivers: One day at a time", *The Quarterly Journal of Economics,* 112(2), 407-441.

9   Sugerencias bibliográficas: Kahneman, D.; Knetsch, J. L. y Thaler, R. (1986): "Fairness as a Constraint on Profit Seeking: Entitlements in the Market", *American Economic Review,* vol. 76, nº 4, septiembre, págs. 728-741; Kahneman, D.; Knetsch, J. L. y Thaler, R. (1991): "Fairness and the Assumptions of Economics", en Thaler, R. (ed.): *Quasi rational economics,* Russell Sage Foundation, Nueva York, págs. 220-235.

10   Knutson, B.; Rick, S.; Wimmer, G.; Prelec, D., y Loewenstein, G. (2006): "Neural predictors of purchase", *Neuron* 53, 147-156.

11   Sanfey, A. et al. (2003): "The Neural Basis of Economic Decision-Making in the Ultimatum Game", *Science,* vol. 300.

Capítulo 7

1   Para evitar la confusión entre venta mayorista y minorista, el lector deberá distinguir las operaciones que se dirigen al mercado de reventa, es decir, todas las instituciones y personas que no utilizan el producto para consumo o uso propio (venta mayorista), de aquellas que se dirigen al consumidor final (venta minorista).

2   La gestión del lineal consiste en optimizar los espacios en un local, por ejemplo, un supermercado, y disponer de forma adecuada toda la superficie destinada a la exhibición y venta de productos. Dado que sustituye al vendedor, es de enorme relevancia en la estrategia de canales.

3   La antropología sensorial parte de la premisa de que los sentidos están regulados por la sociedad, es decir, hay códigos compartidos que determinan la conducta sensorial admisible de sus miembros y, a la vez, otorgan significado a las distintas experiencias sensoriales.

4   Los odotipos son aromas que se eligen después de realizar investigaciones exhaustivas debido a las dificultades para cambiarlos, ya que pasan a formar parte del sistema de identidad de una marca.

5   Knutson, B.; Rick S.; Wimmer, G.; Prelec, D., y Loewenstein, G. (2006): "Neural predictors of purchase", *Neuron* 53, 147-156.

6   La Segunda Seguros Generales es una compañía presente en Argentina, Uruguay y Brasil en todos los ramos del seguro y la cobertura de riesgos.

7   Véase Capítulo 4 de esta misma obra y Braidot, N.: *Neuromanagement,* op. cit., Capítulo 4.

8   Esta técnica parte de la premisa de que las experiencias sensoriales desencadenadas mediante metáforas, alegorías y analogías posibilitan que los participantes puedan expresar lo que verdaderamente sienten u opinan a través de manifestaciones abstractas y/o simbólicas. Véase www.braindecision.com.

9   Véase Braidot, N.: *Neuromarketing, neuroeconomía y negocios,* Capítulo 7.

10 Los *discounts* (de origen francés) son formatos de venta exitosos en el mundo entero. Se caracterizan por una oferta compuesta fundamentalmente por productos de marca propia y por una escasa variedad dentro de cada línea a precios bajos. Comercializan algunas "premium", como Coca-Cola o Pepsi, pero mayoritariamente segundas y terceras marcas. Los clientes típicos de cada sucursal son personas que viven en el barrio y compran por la cercanía a su domicilio.

Capítulo 8

1   Véase Braidot, N.: *Neuromanagement,* op. cit., Parte I, Capítulo 2.

2   Se entiende por transgénico a un organismo vivo que ha sido creado, esto es, mediante la manipulación genética.

3   http://www.pnas.org/content/102/21/7713. *A direct intracra-
    nial record of emotions evoked by subliminal words.* Esta investi-
    gación, dirigida por Lionel Naccache, ha sido publicada también
    en la revista *Proceedings of the National Academy of Science.*

4   Véase Braidot, N.: *Neuromanagement,* op. cit., Capítulo 4.

5   Véase Braidot, N.: *Neuromanagement,* op. cit., Parte IV, "Neu-
    roaprendizaje y memoria".

6   Como la memoria sensorial se relaciona claramente con el re-
    gistro de los estímulos del medio ambiente, algunas corrientes
    científicas no la ubican como una categoría dentro de la me-
    moria, sino como parte del proceso de percepción (un requisito
    necesario para que, posteriormente, se produzca el almacena-
    miento de información).

7   Rossiter, J. R.; Silberstein, R. B.; Harris, P. G., y Nield, G. (2001):
    "Brain-imaging detection of visual scene encoding in long-term
    memory for TV commercials", *Journal of Advertising Research,*
    41(2), marzo-abril, págs. 13-21.

8   Young, C. (2002): "Brain waves, picture sorts, and branding mo-
    ments", *Journal of Advertising Research,* 42(4), julio-agosto,
    págs. 42-53.

9   Ioannides, A. A.; Liu, L.; Theofilou, D.; Dammers, J.; Burne, T.;
    Ambler, T., y Rose, S. P. R. (2000): "Real time processing of
    affective and cognitive stimuli in the human brain extracted
    from MEG signals", *Brain Topography,* 13, págs. 11-19.

10 El área parahipocampal es una región que posee una fuerte
    concentración de receptores μ-opioides implicados en la modu-
    lación del dolor y la recompensa, y se activa cuando el cerebro
    interpreta el estímulo con relación a su experiencia previa. La
    preferencia visual es mediada por la actividad de estos recepto-
    res, lo cual explica las sensaciones placenteras.

11 Fuente: Asociación Argentina de Marketing. La campaña Hug-
    gies Classic, denominada "La absorción que activa tus ventas",
    ganó el Premio Mercurio en 2008.

12 Berns, G. (2004): "Something funny happened to reward", *Trends in Cognitive Science,* vol. 8, n° 5.

13 El tenista español Rafael Nadal es número 1 en el mundo en el momento en que se escribe esta obra.

14 Véase Capítulo 2: el caso Fedex.

15 Braidot, N. (1996): *Marketing Total,* Editorial Macchi, Buenos Aires.

16 Véase Braidot, N. (2006): *Venta Inteligente,* Editorial Puerto Norte-Sur, Madrid.

Bibliografía consultada

Aaker, D. (1987), *Management estratégico del mercado*, Hispano Europea, Barcelona.

Aggleton, J.P. (1992), *The Amigdala: Neurobiological Aspects of Emotion, Memory and mental Disfunction*, New York, Wiley.

Agor, Weston H. (1991), *El comportamiento intuitivo en la empresa*, Buenos Aires, Paidós.

Alder, H. (1994), *Programación Neurolingüística*, EDAF.

Anderson, S. et al. (1973), *Humans Asociative Memory*, New York, V. H. Winston.

Anderson, J. R. (1976), *Language, Memory, and Thought*, Hillsdale, NJ: Erlbaum.

Anderson, J. R. (1983), *The Architecture of Cognition*, Cambridge, MA, Harvard University Press.

Annett, J. (1985), *Left, Right, Hand and Brain: the Right Shift Theory*, Hillside, NJ: Erlbaum.

Argyris, Ch. (1992), *On Organizational Learning*, Cambridge, Blackwell Publishing.

Baddeley, Alan D. et al. (1996), *Handbook of Memory Disorders*, Chichester, John Wiley.

Bear, Mark F.; Connors, Barry W. (1995), *Neurociencia, explorando el cerebro*, Barcelona, Ed. Masson Williams y Williams.

Berlo, D. (1987), *El proceso de la comunicación*, Buenos Aires, El Ateneo.

Bjork J. M. et al. (2004), *New Scientist Journal of Neurosciences*, vol. 24, p. 7.

Blake, R. & Haroldsen, E. (1980), *Taxonomía de conceptos de la comunicación*, México, Ateneo Nuevomar.

Bourdieu, Pierre (1990), *Sociología y cultura*, México, Grijalbo.

Braidot, N. (1990), *Marketing Total*, Buenos Aires, Macchi.

Braidot, N. (1997), *Comunicación Relacional en Ventas*, Buenos Aires, Fundación OSDE.

Braidot, N. (1997), *Los que venden, tercera edición*, Buenos Aires, Macchi.

Braidot, N. (2002), *Nuevo Marketing Total*, Buenos Aires, McGraw-Hill.

Braidot, N. (2006), *Venta Inteligente*, Editorial Puerto Norte-Sur, Madrid.

Braidot, N. (2005), *Neuromarketing, neuroeconomía y negocios*, Madrid, Edit. Puerto Norte-Sur.

Bruneau, J. P. (1991), *Psicoanálisis y empresa*, Barcelona, Granica.

Cardinali, D. (2005), *Manual de Neurofisiología*, Universidad Nacional de Buenos Aires, editado por el autor.

Carter, R. (1998), *El nuevo mapa del cerebro*, Barcelona, Ed. Integral.

Chalmers, D. (1996), *The Conscious Mind*, New York, Oxford University Press.

Chias, J. (1991), *El mercado son personas*, Madrid, McGraw Hill.

Churchland, P. S. (1996), *Neurophilosophy: Toward a Unified Science of the Mind-Brain*, Cambridge, MA: MIT Press Bradford Books.

Curchland, P (1984), *Matter and Consciuness*, Cambridge, MIT Press.

Cytowic, Richard (1989), *Synaesthesia: a Union of Senses*, New York, Springer Verlag.

Damasio, H. y Damasio, A.R (1989), *Lesion Analisis in Neuropsychology*, New York, Oxford University Press.

Damasio, Antonio R. (1999), *El error de Descartes: la razón de las emociones*, Madrid, Andrés Bello.

Dilts, R. et al. (1996), *Las creencias, caminos hacia la salud y el bienestar*, Barcelona, Ediciones Urano.

Dixon, N.F. (1971), *The Subliminal Perception*, New York, Wiley.

Dudai, Yadin (1989), *The Neurobiology of Memory: Concepts, Findings, Trends*, Oxford University Press.

Eccles, J. (1989), *The Evolution of the Brain: Creation of the Self*, Londres, Routlege.

Franzen, G. and Bouwman, M. (2001), *The Mental World of Brands*, EE. UU., Edit. World Advertising Research Center.

Freeman, Water J. (1995), *Societies of Brains: A Study in the Neurosciences of Love and Hate*, Hillsdale NJ, Lawrence Erlbaum Associates.

García Rodríguez, F. (1992), *El sistema humano y su mente*, Madrid, Díaz de Santos Ediciones.

Gardner, H. (1983), *Frames of the Mind: the Theory of Multiple Intelligences*, New York, Basic Books.

Gathercole, S. E., Baddeley, A. D. (1993), *Working memory and language*, Hove, England, Ed. Erlbaum.

Gazzaniga, M. S. y Le Doux, J. (1978), *The Integrated Mind*, New York, Plenum Press.

Gazzaniga, Micheal S. (1992), *Nature's Mind: the Biological Roots of Thinking, Emotion Sexuality, Language and Intelligence*, New York, Basic Books.

Goleman, Daniel (1998), *La inteligencia emocional en la empresa*, Buenos Aires, Javier Vergara.

Hebb, D. (1949), *The organization of behavior; a neuropsychological theory*, New York, John Wiley & Sons.

Howes, D. (2005), *Empire of the Senses: The Sensual Culture reader*, Berg Publishers, Oxford.

Izard, C. E.; Kagan, J.; Zajonc R. B. (1984), *Emotion, Cognition and Behaviour*, New York, Cambridge, University Press.

Jáuregui, J. (1997), *Cerebro y emociones*, Madrid, Maeva Ediciones.

Kandel, Jessell y Schaartz (1997), *Neurociencia y conducta*, Madrid, Prentice Hall.

Kandel, E. (2007), *En busca de la memoria: el nacimiento de una nueva ciencia de la mente*, Madrid, Katz Editores.

Key, Wilson B. (1987), *Seducción subliminal*, México, Diana.

Kofman, F. (2001), *Metamanagement*, Granica, Buenos Aires.

Kolb, B., & Whishaw, I. Q. (1985), *Fundamentals of Human Neuropsychology*, 2ª Ed., New York, W. H. Freeman.

Kosslyn, Stephen M. y Koenig, Oliver (1992), *Wet Mind the New Cognitive Neuroscience*, New York, Free Press.

Kosslyn, Stephen M. (1980), *Image and Mind*, Cambridge, Harvard University Press.

Lakoff, G. (1987), *Women, Fire and Dangerous Things: What Categories Reveal about the Mind*, Chicago, University of Chicago Press.

Lapp, D. (1996), *Potencie su memoria*, Plaza & Janes Ediciones.

Le Vay, Simon (1994), *The Sexual Brain*, Cambridge MIT Press.

LeDoux, Joseph (1999), *El cerebro emocional*, Barcelona, Planeta.

Lezak, Muriel et al. (2006), *Neuropsychological Assessment*, Oxford, Oxford University Press

Lieberman, P. (2002), *Human Language and our Reptilian Brain*, Cambridge MIT Press.

Llinás, Rodolfo R. (2003), *El cerebro y el mito del yo*, Bogotá, Norma.

Loftus, E. (1994), *The Myth of Repressed Memory*, New York, St. Martins Press.

Masters, R. (1996), *Neurocomunicación*, Barcelona, Ediciones Urano.

Maturana, H. (1993), *El sentido de lo humano*, Santiago de Chile, Dolmen.

Maturana, H. (1996), *La realidad ¿objetiva o construida?*, México, Anthropos.

Milts, Philip J. (1996), *Memory'S Ghost: The Nature of Memory and the Strange of Mr. M.*, New York, Simond and Schuster.

Nagle, T. y Holden, R. (1995), *Estrategias y tácticas para la fijación de precios*, Barcelona, Granica.

Neisser, U. (1980), "The limits of Cognition", en Jusczyk, Peter y Klein, Raymond (eds.), *The Nature of Thought*, Erlbaum, Hillsdale, Nueva Jersey.

Neisser, U. y Harsch, N. (1992): *Phantom flashbulbs false recollections of hearing the news about Challenger. Affect and accuracy in recall: studies of flashbulb memories*, Nueva York, Cambridge University Press.

Ornstein, R. (1994), *La evolución de la consciencia; los límites del pensamiento racional*, Barcelona, Emecé Editores.

Parkin, Alan J. (1996), *Explorations in Cognitive Neuropsicology*, Blackwell, Oxford.

Paz, H. (1998), *Canales de distribución*, Buenos Aires, Ediciones Universo.

Peace, Allan y Bárbara (2001), *Por qué los hombres no escuchan y las mujeres no entienden los mapas*, Barcelona, Edit. Amat.

Pinker, S. (1999), *How the mind Works*, New York, W.W Norton.

Popper, K. y Eccles, J. (1993), *El yo y su cerebro*, Barcelona, Ed. Labor.

Posner, M. y Raichle, M. (1994), *Images of Mind*, New York, W. H. Freeman.

Puente, A. (1995), *Memoria semántica, teorías y modelos*, Caracas, McGraw Hill.

Purves, Dale A. et al. (2001), *Invitación a la neurociencia*, Madrid, Editorial Médica Panamericana.

Reig, E. (1996), *Modelos de motivación*, México, McGraw Hill.

Ries, A. y Trout, J. (1989), *Posicionamiento*, Madrid, McGraw Hill.

Tocquet, R. (1994), *Biodinámica del Cerebro*, Madrid, Tikal Ediciones.

Turner, Jonathan (1999), *On the origins of Human Emotions: A Sociological Inquiry into the Evolution of Human Affect*, Stanford University Press.

Watzlawick, P. et al. (1981), *Teoría de la comunicación humana*, Barcelona, Editorial Herder.

Wilensky, Alberto L. (1998), *La promesa de la marca*, Buenos Aires, Temas Grupo Editorial.

Zaltman, G. (2004), *Cómo piensan los consumidores*, Barcelona, Ediciones Urano.

Artículos consultados:

Abbs, J. H. & Gracco, V. L. (1983), "Sensiomotor Action in the Control Of Multi-Movement Speech Gesture", *Trends in Neuroscience*, 6, 391-395.

Abend, W.; Bizzi, E., & Morasso, P. (1982), "Human Arm Trajectory Formation", *Brain*, 105, 331-348.

Abrahams, V. C.; Hilton, S. M. & Zbrozyna, A. (1960), "Active Muscle Vasodilation Produced by Simulation of the Brain Stem: Its significance in the defense reaction", *Journal of Phsiology*, 154,491-513.

Adams, M, J. (1979), "Models of the Word Recognition", *Congnitive Phsycology*, 11, 133-176.

Alexander, M. P.; Benson, D. F. & Stuss, D. T. (1989), "Frontal Lobes and Language", *Brain and Language*, 37, 656-691.

Allman, J.; Miezin, F., & McGuineness, E. (1985), "Direction and Velocity Specific Responses from Beyond the Classical Respective Fields in the Middle Temporal Visual Area" (MT), *Perception*, 14, 105-126.

Andersen et al. (1985), "Encoding of Spatial Location by Posterior Parietal Neurons", *Science*, 230, 456-458.

Andersen, R. A.; Asanuma, C.; Essick, G.K., & Siegel, R. M. (1990), "Cortico-Cortical Connections of Anatomically and Physiologically Defined Subdivisions Within the Inferior Parietal Lobule", *Journal of comparative Neurology*, 296, 65-113.

Anderson, J. R. & Milson, R. (1989), "Human Memory: an Adaptive Perspective", *Psychological Review*, 96, 708-719.

Anderson, R. C. & Ortony, R. (1975), "On Putting Apples into Bottles-Problem of Polysemy", *Cognitive Psychology*, 7, 167-180.

Anderson, R. C. & Pichert, J. W. (1978), "Recall of Previously Unrecallable Information Following a Shift in Perspective", *Journal of Verbal Learning and Verbal Behavior*, 17, 1-12.

Asanuma, H (1981), "The Pyramidal Tract", In V.B. Brooks (Vol. Ed.), J. *Handbook of physiology*, section 1, "The Nervous System", vol. 2: "Motor control Bethesda", MD: American physicological Society.

Badley (1992), "Working Memory", *Science*, USA 255:556-559.

Barbur, J. L. et al. (1993), "Conscious Visual Perception Without V1", *Brain*, (116), 1293-302.

Baron Cohen, S. (1997), "Is There a Language of the Eyes", *Visual Cognition*, 4(3), 311-31.

Bechara, A.; Damasio, A. (2005), "The somatic marker hypothesis: a neural theory of economic decision-making", *Games and Economic Behavior*, 52: 336-372.

Berns, G. (2004), "Something funny happened to reward", *Trends in cognitive science*, vol. 8, n° 5.

Binder, J. R. et al. (1997), "Human Brain Areas Identified by fMRI", *Journal of Neuroscience*, 17(1), 353-62.

Bishop, D. V. M. (1997), "Listening Out for Subtle Deficits", *Nature*, 387 (6629), 129.

Bjork, J. M. et al. (2004), "Incentive Elicited Brain Activation in Adolescents: Similarities And Differences from Young Adults", *Journal of Neuroscience*, (24): 1793-1802.

Brothers, Leslie. (1990), "The social brain: a project for integrating primate behaviour and neurophysiology in a new domain", *Neuroscience*,1:27-51.

Camerer, C. et al. (1997), "Labor supply of New York City Cabdrivers: One day at a time", *The Quarterly Journal Of Economics*, 112(2), 407-441.

Dávila, J. (2007), "Percepción, ¿realidad o ficción?". En http://www.encuentros. uma.es, Facultad de Ciencias de la Universidad de Málaga.

Ekman, P. (1996), Suplemento "Emotions", *New Scientist*, (150)2027.

Erk, S. et al. (2003), "Cultural Objects Modulate Reward Circuitry", *Neuroreport*. 13(18):2499-501.

Frank, P.; Ekman, P. (1993), "Behavioural Markers and Recognizability of Smile of Enjoyment", *Journal of Personality and Social Psychology*, 64:1 83-93.

Gottfried, J. A. & Dolan, R. J. (2003), "The nose smells what the eye sees: crossmodal visual facilitation of human olfactory perception", *Neuron,* 39, 375-386.

Gottfried, J. A.; O'Doherty, J. & Dolan, R. J. (2003), "Encoding predictive reward value in human amygdale and orbitofrontal cortex", *Science*, 301, 1104-1107.

Gur, R. C. et al. (1994), "Differences in the Distribution of Gray and White Matter in Human Cerebral Hemispheres", *Science*, 207:44-36, 1226-8.

Hess, U. et al. (1992), "The Facilitative Effect of Facial Expresión on the Self-Gene-ration of Emotion", *International Journal of Psychophysiology*, 12:3 251-65.

Howes, David (2006), "Cross-Talk between the Senses", *The Senses & Society*, 1(3): 381-390.

Ioannides, A. et al. (2000), "Real time processing of affective and cognitive stimuli in the human brain extracted from MEG signals", *Brain Topography*, 13, pp. 11-19.

Kahneman, D. et al. (1991), "Fairness and the Assumptions of Economics", Thaler, R. (ed.), *Quasi rational economics*, Nueva York, Russell Sage Foundation, pp. 220-235.

Kahneman, D. et al. (1986), "Fairness as a Constraint on Profit Seeking: Entitle-ments in the Market", *American Economic Review*, vol. 76, n° 4, septiembre, pp. 728-741.

Kendall, Powell, "Economy of the Mind", *Plos Biology*, 1, (3), 3 312.

Knutson, B. et al. (2006), "Neural predictors of purchase", *Neuron*, 53, 147-156.

Knutson, B.; Rick S.; Wimmer, G.; Prelec, D. & Loewenstein, G. (2006), "Neural predictors of purchase". *Neuron*, 53, 147-156.

Koenig, O. (1989), "Hemispheric Asymmetry in the Analysis of Stroop Stimuli: a Developmental Approach", *Developmental Neuropsychology*, 5, 245-260.

Kosslyn, S. M. (1975), "Information Representation in Visual Images", *Cognitive Psychology*, 7,341-370.

Kosslyn, S. M. (1976), "Can Imagery be Distinguished from Other Forms of Internal Representation? Evidence from Studies of Information Retrieval Time", *Memory and Cognition*, 4, 291-297.

Kosslyn, S. M. (1978), "Measuring the Visual Angle of The Mind's Eye", *Cognitive Psychology*, 10,356-389.

Kosslyn, S. M. (1992), "Cognitive Neuroscience and the Human Self", Harrington, A. (Ed.), *So Human a Brain*, New York, Pergamon.

Kosslyn, S. M. (1987), "Seeing and Imagining in the Cerebral Hemispheres: a Com-putational Approach", *Psychological Review*, 94, 148-175.

Loewenstein, G., "The Creative Destruction of Decision Research", *Journal of Con-sumer Research: An Interdisciplinary Quarterly*, 28(3), 499-505.

Loftus, E. (1993), "The reality of repressed memories", *American Psichologist*, n° 48.

Milner, P. M. (1974): "A model for visual shape recognition", *Psychol Rev.*, 81, 521-535.

Monserrat, J., "El libre albedrío", en: http://www.tendencias21.net

Montague R. et al. (2004), "Neural Correlates of Behavioral Preference for Cultura-lly Familiar Drinks", *Neuron*, (44), 379-387.

Monucastle (Sec. Ed.), *Handbook of Physiology*, section 1: "The nervous system", vol. 5: "Higher fuctions of the brain", Bethesda, MD: American Physicological Society.

Morgan, D.; Grant, K.; Gage, H.; March, R.; Kaplan, J.; Prioleau, O.; Nader, S.; Buchheimer, N.; Ehrenkaufer, R. & Nader, M., "Social dominance in monkeys: dopamine D2 receptors and cocaine self-administration", *Nat. Neurosciense*, 5 (2002) 169-174.

Morris, J. S. et al. (1997), "A Diferential Neural Response in the Human Amygdala to Fearfuland Happy Facial Expressions", *Nature*, 389:6550 495-7.

Phillips, M. L. et al. (1997), "A Specific Neural Substrate for Perceiving Facial Expressions Of Disgust", *Nature*, 389:650 495-7.

Pine, J. & Gilmore, J. (1998), "The Experience Economy", *Harvard Business Review*, 76(4): 97-106.

Pinker, S. (1999), "How the mind Works", New York, W.W Norton.

Plassmann, H.; O'Doherty, J.; Shiv, B.; Rangel, A. (2008), "Marketing Actions can modulate neural representation of experience pleasantness", Proceedings of National Academic of Science.

Rossiter, J. R. et al. (2001), "Brain imaging detection of visual scene encoding in long-term memory for TV commercials", *Journal of Advertising Research*, 41(2), March/April, pp. 13-21

Sanfey, A. et al. (2003), "The Neural Basis of Economic Decision-Making in the Ultimatum Game", *Science*, vol. 300.

Smith, E. et al. (1974), "Structure and process in semantic memory: a featural model for semantic decisions", *Psychological Review*.

Thompson, Clive (2203), "There's a Sucker Born in Every Medial Prefrontal Cortex", *The New York Times*, 26 oct. , 2003.

Tranel, D.; Damasio, A. R. & Damasio, H. (1988): "Intact Recognition of Facial Expression, Gender, and Age in Patients With Impaired Recognition of Face Identity", *Neurology*, 38,690-696.

Wheeler, R.; Carelli, M. (2006), "The Neuroscience of Pleasure. Focus on "Ventral Pallidum Firing Codes Hedonic Reward: When a Bad Taste Turns Good", *Neurophysiol*, 96: 2175-2176.

Young, C. (2002), "Brain waves, picture sorts, and branding moments", *Journal of Advertising Research*, 42(4), July/August, pp. 42-53.

www.ingramcontent.com/pod-product-compliance
Lightning Source LLC
Chambersburg PA
CBHW060547200326
41521CB00007B/513